Comentarios sobre *Mentiras estúpidas que las mujeres se dicen a sí mismas*

"Una lectura obligatoria para toda mujer que esté cansada de ser tan dura consigo misma. Como si fuera una doctora del amor propio, Amy Ahlers prescribe potentes medicinas que hacen mucho más que sólo paliar los síntomas. Con gran maestría, Ahler va a la raíz del problema, ¡y te muestra cómo realizar cambios perdurables!"

—Christine Arylo, autora de *Choosing ME before WE*

"Este libro… ¡cambiará tu vida por completo! Ofrece soluciones verdaderas y alimento espiritual. Además te enseña a usar el poder de tu sabiduría y a despertar a tu Superestrella Interior.

—del prólogo escrito por SARK, artista y autora de *Glad No Matter What*

"Deja todo lo que estás haciendo porque, ¡tienes que leer este libro! El increíble contenido de *Mentiras estúpidas que las mujeres se dicen a sí mismas* me dejó asombrada. Las sugerencias que Amy Ahlers ofrece son claras y efectivas. Es el tipo de libro que le prestas a tu mejor amiga o a tu hija cuando necesita que alguien le recuerde lo maravillosa que es."

—Lisa Nichols, autora de *No Matter What!*

"Con un tono fresco y desenfadado, Amy Ahlers ayuda a las mujeres a rasgar el velo de la decepción que nos impide observar a nuestro magnífico Yo. *Mentiras estúpidas que las mujeres se dicen a sí mismas*, está repleto de verdad y sabiduría. Lo recomiendo ampliamente a cualquier mujer que desea ser feliz."
—Kristine Carlson, autora de *Don't Sweat the Small Stuff for Women*

"En *Mentiras estúpidas que las mujeres se dicen a sí mismas*, Amy Ahler explora las historias destructivas de las mujeres que han decidido creerlas. Este oportuno libro convertirá los engaños que tu miedo sustenta, y los transformará en milagros. Te volverá a vincular con tu verdad amorosa. Con Amy como guía, ¡podrás despertar a la Superestrella que vive en tu interior!"
—Gabrielle Bernstein, autora *bestseller* de los libros *AddMore ~ing to Your Life* y *Spirit Junkie*

MENTIRAS ESTÚPIDAS
QUE LAS MUJERES
SE DICEN A SÍ MISMAS

MENTIRAS ESTÚPIDAS

QUE LAS MUJERES
SE DICEN A SÍ MISMAS

DESPIDE A LA CRÍTICA INTERIOR
Y DESPIERTA A LA
SUPERESTRELLA QUE VIVE EN TI

AMY AHLERS

Prólogo de SARK

AGUILAR

Mentiras estúpidas que las mujeres se dicen a sí mismas
© Amy Ahlers, 2011
Título original: *Big fat lies women tell themselves.* Publicado por New
   World Library

© De esta edición:
D. R. © Santillana Ediciones Generales, S. A. de C. V., 2012.
   Av. Río Mixcoac No. 274, Col. Acacias
   C. P. 03240, México, D. F.
   Teléfono (52 55) 54 20 75 30

Traducción: Alejandra Ramos
Diseño de cubierta: Luis Sánchez Carvajal
Diseño de interiores: Fernando Ruiz

Primera edición: octubre de 2012

ISBN: 978-607-11-2084-7

Impreso en México

Para mi hija, Annabella, cuya Superestrella interior brilla con gran fuerza. Deseo que siempre conserves un vínculo profundo con tu luz y con la verdad de cuán magnífica eres. Siéntete amada.

Y para Rob, quien me ama cuando soy fulgurante, pero también cuando soy oscura. Gracias por enseñarme a amar sin condiciones.

■ Índice

◼ Prólogo por SARK

Conozco muy bien el dolor de vivir bajo el acecho de las grandes mentiras y el monólogo interno negativo, eso me llevó a recorrer un camino que, al final, me permitió comprender que vivir de manera distinta puede proporcionar una sensación de poder y liberación intensas.

Desde pequeñas, nos condicionan a creer en estas grandes mentiras; y muchas, continuamos haciéndolo durante el resto de la vida. El hermoso libro de Amy, arroja una intensa luz sobre las grandes mentiras que nos contamos a nosotras mismas y, además, nos enseña cómo transformar el diálogo interior; cómo fortalecer la sabiduría personal y despertar del letargo a la Superestrella.

Si realizas el recorrido a través de las 59 mentiras incluidas en este libro, te reconocerás a ti misma, a tu amiga, madre, hermana o hija. Podrás ver en donde están y descubrir cómo avanzar hacia la vida que quieres para ti y para las mujeres que te rodean. Lee, absorbe las "verdades", practica los "desafíos", siente las "afirmaciones", y permite que te transformen.

En los más de veinte años que tengo como autora y tallerista de temas de transformación personal, no he encontrado algo más nocivo para una persona que creer las mentiras, y sufrir las consecuencias de aceptarlas. La falta de amor propio y confianza son como una epidemia que afecta a millones en el mundo; se transmite de generación en generación y continuará con sus fatales consecuencias si no aprendemos a vernos, a tratarnos y a vivir de forma diferente.

Y eso es justamente lo que provoca este libro. Con un lenguaje claro y preciso, te muestra cómo pensar, sentir, ver y vivir de otra manera. Al exponer cada una de las 59 mentiras, Amy revela las máscaras detrás de las que suelen ocultarse. Confía en mí: las reconocerás. Para hacer más claras las ideas expresadas, Amy ofrece ejemplos breves de la vida real, tanto de su experiencia propia, como de la de otras mujeres muy parecidas a ti y a mí. ¡Buenas noticias! No estás sola. De hecho, estás en muy buenas manos.

No quiero dejar de decir que Amy predica con el ejemplo; ella ha creado y probado cada uno de los procesos incluidos en los "desafíos" de este libro, lo sé porque nos conocemos a nivel personal y profesional, y porque la he visto aplicar sus consejos. También he de decirte que Amy es una excelente madre de Anabella.

Este libro no sólo ofrece soluciones verdaderas, también brinda alimento espiritual y te enseña a despertar y poner en práctica el poder de tu sabiduría, lo que despierta a tu Superestrella.

Al reflexionar sobre cada mentira, aprenderás a realizar un proceso de tres pasos (extremadamente efectivo) que podrás aplicar en cualquier momento. Esto te permitirá desvincularte de la Crítica interior, para fortalecerte, realizar cambios trascendentales y ser consciente de tu crecimiento y desarrollo.

Este libro, así como la increíble lista de fuentes incluida al final, ¡cambiarán tu vida de forma extraordinaria!

SUSAN ARIEL RAINBOW KENNEDY (SARK)
Glad No Matter What: Transforming Loss And Change Into Gift And Opportunity
planetSARK.com

Introducción

La relación más importante de nuestra vida es la que tenemos con nosotras mismas y, por desgracia, es una que la mayoría de las mujeres manejamos muy mal. Somos demasiado duras al juzgarnos y eso nos afecta.

Creemos que si tuviéramos suficientes logros, que si fuéramos delgadas o mucho más bellas o adineradas podríamos, como por arte de magia, modificar el diálogo interno y convertirlo en una declaración de fortaleza, riqueza espiritual y amor. Después de una década de entrenar a mujeres de todo tipo, al final lo entendí: las mujeres somos muy duras con nosotras mismas, sin importar cuáles sean las circunstancias externas. Invariablemente nos enfocamos en hacernos daño, tanto por las pequeñas imperfecciones, como por los errores mayores, y eso no nos ayuda a ser más exitosas, a sentirnos más satisfechas y, ni siquiera, a ser más productivas.

> La relación más importante de nuestra vida
> es la que sostenemos con nosotras mismas.

¿Pero quién puede juzgarnos por tratarnos de esa manera? Abarcamos demasiado: carrera profesional, romance, hijos, salud... y la lista continúa. De nosotras se espera que llevemos a casa los alimentos, que los cocinemos, que tengamos sexo maravilloso con nuestra pareja, pero sin permitir que olvide que él es hombre —claro, asumiendo que así sea—, que lavemos la ropa y limpiemos la casa; que nos aseguremos de que los niños se mantengan saludables y motivados, y por si eso fuera poco, debemos tener el trasero firme y los senos bien levantaditos y turgentes. De pronto, sentimos que es nuestra obligación disfrutar el ser arrastradas en un millón de direcciones diferentes al mismo tiempo, y que debemos ser tan flexibles como el Hombre elástico. Pero no somos superheroínas sino humanas, así que, ¿por qué no darnos un respiro?

EL COSTO DE LAS MENTIRAS

La National Science Foundation descubrió que la persona promedio llega a tener hasta sesenta mil pensamientos al día y que son, en su mayoría, negativos y críticos. Dicho de otra forma: nos repetimos mentiras como verdades una y otra vez hasta que terminamos por creerlas. Esta batalla interna merma el amor propio, lo que creemos valer y la autoestima y, de esa manera, nos conduce a estados de depresión, insatisfacción, baja productividad y el tipo de estrés nocivo que puede llegar a matar.

El precio que pagamos por creer estas mentiras es muy alto. A continuación presento algunos datos para aquellas mujeres que gustan de las estadísticas.

- Estamos estresadas. El National Institute of Health reporta que 70 por ciento de las enfermedades están asociadas al estrés.
- Estamos preocupadas. La revista *Time* señala que las mujeres son más poderosas pero menos felices que nunca antes.
- Nos sentimos insatisfechas incluso cuando nos va bien. En *The Paradox of Declining Female Happiness*, Betsey Stevenson y Justin Wolfers informan: "Considerando diversas mediciones objetivas,

la vida de las mujeres en los Estados Unidos ha mejorado en los últimos 35 años; sin embargo, aquí mostramos que las medidas del bienestar subjetivo indican que la felicidad de las mujeres ha disminuido de manera absoluta y relativa en contraste con la de los hombres."

• La falta de amor y aprobación hacia nosotras mismas impacta en la salud. Diversas instituciones de salud mental reportan que en Estados Unidos, la cifra de mujeres con depresión duplica a la de hombres; señalan que entre cinco y diez millones de mujeres (jóvenes y adultas), sufren trastornos alimenticios.

¿No te entristece la información presentada? Hace algunas décadas, las mujeres nos organizábamos para, por ejemplo, lograr el reconocimiento de nuestro derecho al voto, y ahora que somos poderosas y libres, paradójicamente nos sentimos miserables por completo. Ha llegado el momento de abrir las ventanas de par en par y gritar: "¡Estoy endiabladamente enojada y no lo voy a soportar más!" (Gracias, Paddy Chayefsky). Yo lo sé y tú también: estamos listas para proteger nuestra felicidad y dejar de hacernos tontas. Ha llegado el momento de ser amables con nosotras mismas por el puro placer de tratarnos bien. ¿Estás lista? Te mostraré cómo.

> No creas todo lo que piensas.

LA CRÍTICA INTERIOR

Permíteme presentarte a tu Crítica interior o Arpía, término que acuñamos mi colega Christine y yo. La Arpía interior es una persona negativa, sarcástica y crítica. Es la que compara lo peor de ti con lo mejor de todos los demás. Ante sus ojos, siempre sales perdiendo.

Ella te dice palabras crueles y te hace sentir como si estuvieras de nuevo en primero de secundaria aunque, por cierto, no en el grupo de las populares. El pasatiempo preferido de tu Arpía interior es hacerte sentir mínima, inadecuada y poco valiosa; ella siempre trata de encontrar evidencias que prueben su teoría: que no eres suficiente.

Pues bien, te tengo noticias: la Crítica o Arpía interior, ¡es una tremenda mentirosa! Te repite mentiras estúpidas para mantener el estado de las cosas y para impedir que abandones tu zona de confort. Ella te repetirá, una y otra vez, frases como: "No vales lo suficiente"; "Es demasiado tarde"; "Eres un fracaso".

Puras mentiras.

Sin embargo, en cuanto descubras que tu Crítica miente, podrás atraparla con las manos en la masa. (Siempre que te sientas mal acerca de ti misma, te aseguro que se debe a que ella está ahí gritándote como vendedor con megáfono.) Date cuenta de que le encanta hablar de forma absoluta. Utiliza palabras como *nunca, siempre, todos, debes, nada* y *nadie* para castigarte y hacerte sentir que eres una causa perdida. Sólo puede ver las cosas en blanco y negro, y no te permite ser lo que eres: humana.

¿Crees que estás sola? ¿Piensas que sólo las mujeres que son inseguras se creen estas mentiras o permiten que su Crítica interior controle la situación? ¡Pues piénsalo una vez más! Cuando escuchamos a mujeres tan enérgicas como Elizabeth Gilbert —autora del *bestseller Comer, rezar, amar*— hacer declaraciones como: "A pesar de haber escrito cinco libros, todavía tengo la preocupación de que no he publicado el *tipo* correcto de contenidos", o cuando Oprah acepta frente al mundo que enfocarse en su peso le ha robado la alegría: "Estoy muy enojada conmigo. Me siento avergonzada, no puedo creer que después de todos estos años y de todo lo que sé hacer, todavía sigo preocupándome por mi peso", entonces comprendemos que la Arpía interior y sus grandes mentiras son una constante incluso en la vida de las mujeres más exitosas. En otras palabras: *no* es un fracaso personal.

CONOCE LAS GRANDES MENTIRAS DE TU CRÍTICA INTERIOR

Con Christine Arylo, cofundadora del Reformatorio de Arpías Interiores, he dado conferencias, cursos y talleres sobre la Arpía interior y sus grandes mentiras. (Asimismo, diseñé un paquete de herramientas gratuito para lectoras, que se puede encontrar en www.BigFatLies-TheBook.com. En el sitio podrás obtener el paquete de transformación de la Arpía interior; no lo pienses más, visita la página, ¡y obtén el tuyo!). Después de entrenar a miles de mujeres, aprendí que la Arpía interior puede presentarse en las formas más diversas: con la imagen de una chica melancólica, o iracunda, o intolerante, incluso, optimista; pero sin importar de qué manera se presente, quiero que aprendas a reconocerla para que puedas deshacerte de ella ¡de una vez y para siempre!

Comienza por analizar lo siguiente:

- Identifica la lista de los lugares, situaciones y ambientes en los que a tu Crítica interior le agrada aparecer para hacerte sentir mal. ¿Sucede en el trabajo?, ¿los eventos sociales?, ¿en la cama?, ¿cada vez que te miras al espejo? En cuanto identifiques cuáles circunstancias la liberan con mayor facilidad, estarás mejor preparada para enfrentarla.

- Como paso siguiente haz un retrato de tu Crítica interior. ¿Es gorda y usa lentes?, ¿está muy bien arreglada y viste de color rosa?, ¿es una reventada que sostiene un cigarro en una mano y un Martini en la otra? No te preocupes si crees que no puedes dibujar bien, es un dibujo para ti, así que anímate. Y si definitivamente no quieres dibujar, busca en una revista o en Internet, alguna imagen que represente la personalidad de tu Arpía interior. Tener una imagen mental de la voz que te tortura es de gran utilidad.

- Es necesario conocer a la Arpía interior a un nivel más profundo. Fíjate qué la altera y qué merma su poder. ¿Qué sucede si le gritas:

"¡Cállate!"? ¿Qué sucede si sólo la miras con tranquilidad directamente a los ojos y le aseguras que todo va a estar bien? Tal vez necesita recibir un halago de vez en cuando porque, después de todo, las críticas interiores también necesitan amor.

- ¿Cuáles son las mentiras favoritas de tu Crítica interior?, ¿qué es lo que te repite con más frecuencia? (Sugerencia: usa el índice del libro si necesitas algunos ejemplos.) Tu Arpía interior reunirá evidencia para respaldar sus mentiras. Hará lo necesario para continuar castigándote y decepcionándote, para seguir contando cuentos tristes sobre ti y sobre tu valor.

Indicadores de que tu Crítica interior tiene el control de la situación

La presencia de cualquiera de las siguientes emociones es señal clara de que sucumbiste ante las mentiras de tu Arpía interior:

- Miedo
- Desesperanza
- Inseguridad (sentimiento de poco valor)
- Depresión
- Arrepentimiento
- Enojo
- Culpa
- Aburrimiento
- Pesimismo
- Frustración
- Impaciencia
- Desilusión
- Celos

¿Te das cuenta de cuán demencial es creerle? Ahora que estás consciente de la existencia de tu Crítica interior y de las mentiras que dice, es hora de que entres en sintonía con la otra voz que hay dentro de ti, la de tu Sabiduría interior.

CONOCE A TU SABIDURÍA INTERIOR

Te tengo excelentes noticias. A pesar de lo ruidosa y desagradable que puede ser la voz de tu Crítica interior, en ti vive otra voz aún más poderosa: la de tu verdad. A ésta me gusta llamarla Sabiduría interior. Ahora tómate un momento y sintonízala. Cierra los ojos, respira hondo e invítala a pasar. Siéntela en lo más profundo de tu ser, percibe que te insta a despertar a tu magnificencia.

Recuerda algún momento en que tu Sabiduría interior estuvo presente al cien por ciento. Un instante en el que supiste que algo era bueno para ti, o que alguna persona no te convenía. Tal vez en esa ocasión le creíste a esa voz y, por tanto, tu intuición estuvo totalmente despierta. O tal vez actuaste en contra del instinto y te arrepentiste más tarde, quizá le confiaste a tu mejor amiga: "¡Sabía que no debía ir a esa cita!" o, "Tenía el presentimiento de que no era el empleo adecuado para mí pero de todas formas lo acepté". Quizá tu Sabiduría interior surge cuando estás cocinando, pintando, paseando, dándote un prolongado baño o escribiendo; ya sabes, esas ocasiones en que sientes que una fuerza divina te guía. ¿Deseas algo de ayuda para tener acceso a tu Sabiduría interior? Bien, pues yo grabé un MP3 que contiene una visualización guiada especialmente para ti. Visita www.BigFatLies-TheBook.com para obtener el archivo, así como un paquete de herramientas con otros artículos muy divertidos.

Permite que tu Sabiduría interior crezca. Ahora vamos a conectarnos con ella para que puedas conocerla más a fondo. Comienza con el siguiente ejercicio:

- Observa cómo se comunica tu Sabiduría interior contigo. ¿Es una voz que te susurra al oído? ¿Una sensación en el cuerpo? ¿Alguna imagen? ¿O tal vez sólo *sabes* que está ahí? Identifica la manera en que se conectan.

- Haz un retrato de tu Sabiduría interior. ¿Cuál es su esencia? Siéntete libre de usar pintura, crayolas o lápices para dibujarla. También puedes conseguir una imagen en Internet o hacer un collage. Logra definirla con contundencia.
- Permite que tu Sabiduría sea quien derribe las grandes mentiras de tu Crítica interior. Si preguntas y permaneces abierta, podrás saber/escuchar/ver/sentir sus respuestas. De esa manera tu Sabiduría interior también podrá hacerte saber algunas verdades bastante fuertes. Pero recuerda que siempre lo hace por amor y compasión, y que su intención no es avergonzarte ni juzgarte.

¡Excelente trabajo! ¿Acaso no es un descanso apoyarte en tu Sabiduría interior? Puedes identificar esta unión cuando sientes:

- Alegría
- Ganas de reír
- Felicidad
- Optimismo
- Deseos de divertirte y correr aventuras
- Inspiración
- Libertad
- Poder
- Entusiasmo
- Pasión
- Esperanza
- Solidez
- Conocimiento

Te recomiendo que cada día reserves un momento para conectarte con tu Sabiduría interna. Lo más seguro es que la percibas con mayor fuerza a través de la oración y la meditación, actividades que puedes realizar sentándote en silencio para escuchar un cántico, o leer un libro sobre la meditación misma. Tal vez también te agradaría adoptar el hábito de consultar a tu Sabiduría antes de tomar cualquier decisión o de involucrarte en proyectos. Puedes guardar una imagen o símbolo de ella en tu área de trabajo, junto a la cama e incluso en el auto. Algunas mujeres invocan a su Sabiduría interior todas las mañanas, cuando se apli an crema. De esa manera, al vestirse, se sienten bendecidas por su verdadero Yo. Otras se toman un momento antes de realizar una llamada importante o de enviar un correo electrónico. Yo tengo una campana en la parte anterior de mi computadora y, cuando estoy trabajando, suena cada setenta y cinco minutos para recordarme que debo conectarme con mi Sabiduría interior, respirar ¡y estirarme! Cualquier cosa que *te agrade* y que provoque que la Sabiduría se funda con el tejido de tu vida cotidiana, servirá. Los regalos que ella desea compartir contigo son incontables. ¡Te sorprenderá descubrir todo lo que sabe!

DESPIERTA A TU SUPERESTRELLA INTERIOR

A medida que tu conexión sea más sólida y constante con tu Sabiduría interior, comenzarás a sentir que brillas más, que resplandeces. ¿Recuerdas aquella canción de dice: "A esta lucecita mía, la dejaré brillar"? Eso es precisamente lo que vas a hacer: recordar la forma en que debes resplandecer. Cuando despiertes a tu Superestrella interior, brillarás más que nunca antes.

Quiero que te sientas tan vinculada a tu Sabiduría interior (a tu fuente de energía, a Dios, al universo, a lo Divino, a la luz dentro de ti), que tu única opción sea convertirte en tu propia Superestrella. Cuando entres en contacto con ella, la gente volteará a mirarte cada vez que atravieses una habitación porque serás *tú* misma, pero de una forma mucho más intensa. Fluirás, te convertirás en un imán que atraiga todo lo que desea tu corazón porque serás como un faro de alegría, amor y éxito.

Todas hemos experimentado momentos donde percibimos la conexión con nuestra Superestrella, y he venido a decirte que puedes *vivir* así permanentemente, que ésta se puede convertir en tu nueva zona de confort, que ese nuevo brillo puede albergarte. Al desarmar a la Crítica o Arpía, verás con claridad quién eres en realidad, y comprenderás que resulta imposible negar tu luz. De eso trata este libro, de cómo liberar a tu Superestrella interior y hacer que despierte para que participe en tu vida. Yo te brindaré las herramientas para hacerlo y para mantenerla despierta, para que siempre puedas estar en sintonía con tu gracia y tu belleza. ¡Llegó la hora de brillar!

Esta es la verdad que conozco sobre ti...

Eres muy inteligente... y cuando no, es sólo porque te desvinculaste de tu Superestrella interior. Eres adorable y digna de ser amada... y cuando no, es porque te desvinculaste de tu Superestrella. Eres amable... y cuando no, es porque te desvinculaste de tu Superestrella interior.

Encuentra la verdad acerca de cuán poderosa eres.

Cuando pierdes la conexión con tu Superestrella, también la pierdes con tu verdad, con la Sabiduría interior y con esa parte de ti que tiene un vínculo muy profundo con tu fuente de energía. Dicho de otra manera, te separas de lo Divino o de aquello que consideras el poder supremo. ¿Acaso es el universo? ¿La conciencia colectiva? ¿La fuerza de vida? ¿Dios? ¿Jesús? ¿Buda? Llegó la hora de liberar a tu Sabiduría interior y permitir que la Superestrella sea quien te guíe.

LA ELECCIÓN ES TUYA

A medida que avances en la lectura de este libro y comiences a cambiar la manera en que piensas y actúas, llegará un momento en que te sientas tentada a volver a tu vida anterior, a los viejos hábitos y costumbres. A este fenómeno se le llama "homeostasis", y consiste en la tendencia de nuestra mente, cuerpo y espíritu a volver a lo que ya conocemos. Volvemos a nuestras listas de pendientes y a la existencia cotidiana que solíamos tener: a la vida que nos resulta familiar y a los viejos hábitos. Ignoramos cualquier oportunidad de transformación y, de hecho, eso es lo que te puede colocar en una bifurcación permanente:

Puedes elegir una perspectiva que te hace sentir mal y, por tanto, más proclive a creerle a tu Crítica interior y a aceptar todas las mentiras que dice.

O:

Puedes elegir una perspectiva positiva y, así, acercarte al camino de la verdad y alinearte con la Sabiduría interior. Este camino te permitirá tener más felicidad y éxito en todos los aspectos de tu vida. También te ayudará a despertar a tu Superestrella.

La elección es tuya.

A partir de ahora piensa que soy tu entrenadora, la persona que te despertará solamente a ti. Estoy confabulando con tu Sabiduría interior y con tu Superestrella para ayudarte a entender lo fabulosa que eres. Te invito a que te deshagas de todas esas mentiras que hay en tu existencia para que experimentes más alegría y vivas la vida de tus sueños. Es hora de recuperar tu poder, quitárselo a la Arpía interior y comenzar a brillar!

EL PROCESO DE TRES PASOS PARA DESPERTAR

Tal vez piensas: "Amy, ¿cómo puedo hacer eso?, ¿cómo despierto a la Superestrella que vive en mí?" Este libro te ofrece diversas herramientas que sirven para la transformación y que te ayudarán cada vez que surjan las grandes mentiras. Además, cuento con un interesante proceso que he desarrollado en los últimos once años: una herramienta fundamental que se puede usar en cualquier momento. Cada vez que te embarguen emociones dolorosas o se presente la Arpía, lleva a cabo este proceso de tres pasos:

- *Paso uno.* Pregúntate: "¿Qué dice mi Arpía interior?" Verbaliza en voz alta sus palabras. Confiesa las horrendas y tristes palabras que te dan vueltas en la cabeza. A menudo, articularlas en voz alta te puede ayudar a despertar y dejar atrás tu carga emocional. Saca esas mentiras estúpidas de la oscuridad, llévalas hacia la luz para que puedas sanar.
- *Paso dos.* Cierra los ojos, respira hondo y pregúntate: "¿Qué es lo que sabe mi Sabiduría interior?" Déjala hablar. Que no te envuelva con lugares comunes u optimismo forzado. Lo mejor es que te diga la verdad acerca de quién eres y cuál es el propósito de tu alma en este momento.
- *Paso tres.* Finalmente, permite que la verdad de tu Sabiduría interior se arraigue en ti mediante la repetición. Enuncia la verdad en voz alta si te es posible, y acompáñala de algún gesto que ayude a que el mensaje se grabe de verdad. Ésta es una poderosa técnica de programación neurolingüística (PNL) que le ayuda a tu cuerpo a coincidir con tu verdad. Mi Sabiduría interior me hace tocar mi corazón. Jeanine, una de mis clientas, agita la mano como si fuera una mariposa, y mi amiga Alison se toca el vientre. El gesto físico no sólo hace que el aprendizaje sea más profundo, también te ofrece un movimiento que puedes realizar cada vez que te sien-

tas enojada, molesta o triste sin usar palabras, el gesto de tu Sabiduría interna le recordará a tu cuerpo que debe apaciguarse.

Por ejemplo, digamos que tienes kilos de más y te pasas el tiempo castigándote por ello. Podrías comenzar a creer las grandes mentiras de tu Arpía interior, por ejemplo: "Estoy gorda y jamás tendré control sobre la situación" o, "No valgo nada". Pero también podrías empezar a creer en la verdad de tu Sabiduría interior, una verdad llena de anhelo y de empatía por ti misma: "He comido de más y he permitido que mi peso suba, pero creo en el poder que tengo para volver al camino correcto", y: "Estoy lista. Me comprometo a buscar el tiempo necesario para cuidarme". Cambia el enfoque de tu Sabiduría interior; ésta siempre te ayudará a coincidir con tu verdad y compasión, lo que te hará sentir mejor. Entre más practiques este proceso, más sencillo te será despertar a tu Superestrella.

¿POR QUÉ MENTIMOS?

Mientras leas tal vez te preguntes: "¿Y por qué las mentiras? ¿Por qué las mujeres somos tan duras con nosotras mismas? ¿Por qué permitimos que la Crítica interior lo controle todo?" Con base en mi experiencia personal y en mi trabajo como entrenadora de vida, me he dado cuenta de que lo anterior se debe a que los seres humanos nos sentimos más cómodos cuando jugamos a que "somos menos". Nos aferramos a la comodidad y así mantenemos secuestrado nuestro poder. Nos aterra ocupar nuestro verdadero lugar y, por tanto, preferimos permanecer en una celda que ya conocemos y entendemos. Nuestro poder como mujeres es muy profundo y vasto, de maneras mucho más misteriosas que las masculinas, con la que nos han adoctrinado desde que éramos niñas. Cuando aprendamos a amar y a aceptar a la Sabiduría interior y a la Superestrella, nos sentiremos más cómodas con nuestra magnificencia y autoridad; y cuando brillemos más, notaremos que otras mujeres también comienzan a destacar. Qué hermoso sería este mundo si todas nos pusiéramos de pie con altivez, compasión, vitalidad, sabiduría, amor y confianza en nosotras mismas y en las demás mujeres. En lugar de ocultarla, podríamos celebrar nuestra fuerza y la maravillosa responsabilidad que implica estar al servicio de nosotras mismas, de las otras mujeres y del mundo.

> ¡Detén las mentiras! Elige la verdad,
> te sentirás maravillosa.

Tómate un minuto para imaginar que eres poderosa, y feliz. Imagina un mundo en el que todas las mujeres se sienten de esa forma. ¿Te parece que es atemorizante o incómodo? Si así es, tal vez ésta es la razón por la que te dices todas esas mentiras.

Conforme avances en este programa y vayas descubriendo las mentiras de la Arpía que vive en ti, es necesario que también detectes el beneficio que recibes de cada una de las mentiras porque, después de todo, siempre existe una especie de beneficio. (De otra manera, ¡no las utilizaríamos como recurso!). Los beneficios más comunes, son:

- Estar en lo correcto: "¡Sabía que no iba a funcionar!"
- Salirte del juego antes de que alguien más te saque: "Reprobé el examen porque no estudié."
- Sentirte incluida en un grupo: "¡*Todas* nos quejamos de nuestro matrimonio!"
- No tener que exigir ni usar tu poder: "No hay nada que pueda hacer al respecto."
- Preservar el panorama familiar y la comodidad: "Será mejor que no juegue con fuego."
- Ser el centro de atención: "¡Necesito ayuda!"

- Justificarse: "Estoy molesta, así que merezco una galleta."
- Aferrarse a la ira y a la culpa: "Jamás perdonaré a esa persona."

Detectar los beneficios colaterales de creer y aceptar las mentiras que te dices, es una oportunidad para deshacer la telaraña de decepción personal, lo que te puede ayudar a recuperar tu poder. Observa con cuáles de los beneficios anteriores te identificas más, presta atención al momento en que surge ese sentimiento y pregúntate: "¿Cuál es la verdad?", "¿Qué sabe mi Sabiduría interior?"

INSTRUCTIVO

La estructura de *Mentiras estúpidas que las mujeres se dicen a sí mismas* es muy sencilla y accesible. A cada mentira la acompañan:

- *La verdad:* un llamado para despertar y un ejemplo de la vida real que te inspirará a romper con tu ciclo de pensamientos negativos y a implementar perspectivas más positivas y sólidas.
- *Desafío:* un ejercicio práctico que te permitirá poner la verdad en acción. Te recomiendo mucho que lleves a cabo los ejercicios que se explican en cada desafío. Escribe, garabatea y dibuja tu camino hacia la Sabiduría interior. En caso de que prefieras escribir tus resultados de manera separada, diseñé unas hojas de trabajo muy prácticas y algunas declaraciones que puedes descargar e imprimir en www.BigFatLiesTheBook.com. ¿Por qué no haces una carpeta con este material?
- *Afirmación:* es un mantra que puedes repetir en voz alta para que tu aprendizaje sea sólido. En mi paquete de herramientas en línea también encontrarás declaraciones para imprimir. Las puedes pegar en tu espejo o en el tablero del automóvil, y te servirán para recordar ¡la verdad sobre lo fabulosa que eres!

- Finalmente, también encontrarás una cita que servirá para motivarte y brindarte aliento.

Piensa que este libro es una caja de galletas llena de alegría y franqueza, y que dentro de ella encontrarás el mejor premio: una vida mejor, un camino hacia la transformación personal. Después de todo, somos una cultura de comida rápida, diálogos ágiles, Internet de alta velocidad, planes inmediatos, trenes y automóviles veloces. ¿Qué tal si nos damos un poco de *autoayuda rápida*?

Puedes elegir entre algunas de las siguientes formas para usar el libro:

- Léelo primero de principio a fin, y ve marcando las mentiras a las que quieres regresar para trabajar.
- Cada semana lee y pon en práctica una sección.
- Usa el libro como una herramienta de meditación para buscar la verdad. Tan sólo toma el libro cuando se te ocurra, busca cualquier mentira/verdad y observa de qué manera, al hojear al azar, puedes acercarte a la verdad.

Todo el tiempo afirmamos

¡Hablemos sobre las declaraciones! Esta es la verdad: todo el tiempo las hacemos… nos demos cuenta o no. El problema es que por lo general articulamos nuestras frases en sentido negativo y nos programamos de manera *inconsciente*. En otras palabras, lo que siempre declaramos son las grandes mentiras que nos decimos porque, después de todo, creemos firmemente en aquellos pensamientos que nos repetimos una y otra vez. Por todo lo anterior, te invito a que, a lo largo del libro vayas articulando declaraciones positivas y a que cambies tu manera de pensar. Te prometo que si realizas el trabajo y declaras tus verdades a diario, cambiarás tal como lo esperas, y eso, mi querida amiga, ¡también cambiará tu vida!

¿ESTÁS LISTA?

Como ahora te considero una nueva amiga, prepárate para escuchar historias de mi propia vida, de la de mis amigas, colegas y clientas. Por supuesto, los nombres y detalles de identificación de mis clientas han sido cambiados para proteger su privacidad. He aprendido mucho de la gente y sé que te dará mucho gusto conocer a algunas de las inspiradoras personas con las que he tenido la suerte de encontrarme en el camino.

De cualquier manera que elijas usar este libro, espero que lo encuentres útil y enriquecedor. Sé bien que *tú* eres la única experta en el tema de *tu* vida, la única que sabe la verdad acerca de la relación que tienes contigo misma, así que permite que estas palabras entren en ti y te inspiren para que tu Superestrella pueda despertar.

Y ahora, demos paso a las mentiras estúpidas...

LA BASE DE TODO: MENTIRAS ESTÚPIDAS SOBRE LO QUE VALES

A las grandes mentiras acerca de ti misma y del mundo les llamo "la base de todo". Son el tipo de mitos sobre los que has construido tu vida. Estos pensamientos negativos surgen en todo momento y te torturan de manera cotidiana. Son grandes mentiras que aparentan ser verdades fundamentales cuando, en realidad, son tan sólo la historia que has creado (y creído) sobre tu vida.

Incluso es posible que a nivel consciente reconozcas que estas grandes mentiras son eso: falsedades. Sin embargo, continuarán ingresando a través de tus células y tu inconsciente para alentar a la Arpía interior. Y luego, de repente, sentirás como si te sacaran el aire.

Nuestra misión en esta parte del libro es revelar la mentira más grande y fundamental en la que crees. Quiero que llegues a la base de todo y que luego transformes esa mentira en una verdad a la que siempre pueda recurrir tu Superestrella. Esta nueva verdad hará que la relación que tienes contigo misma se transforme en una amorosa, plena, positiva y saludable.

Es posible que estés pensando: "Amy, ¿esto solamente se trata de hacerme sentir bien y alimentar mi ego?" ¡No! La misión de tu Sabiduría interior y de la Superestrella no consiste en decirte que eres una mujer increíble (aunque, claro, ¡nos encanta cuando eso sucede!). No te estoy pidiendo que despiertes todas las mañanas, y te mires al espejo gritando: "¡Demonios, le encanto a la gente!" Tu misión consiste en fomentar una relación honesta contigo misma. Así que, a pesar de que habrá momentos en que necesites decirte alguna verdad llena de amor y franqueza (como: "Sal de esta relación", "Cariño, ni siquiera pienses en comerte esa galleta" o, "Es hora de hacer ejercicio, por Dios santo"), lo harás con todo el amor posible porque es necesario que, a un nivel muy profundo, estés consciente de que:

- Eres suficiente.
- Eres buena persona.
- Eres adorable.
- Sí perteneces.
- ¡Efectivamente! El universo es un lugar amigable.
- Y muchas cosas más…

¡Es necesario que partas de un punto de amor y "autosuficiencia"! Ya es hora de que le des una manita de gato a la base de tus grandes mentiras, de que limpies tu alma —por decirlo de alguna manera—, para que puedas ver cuán fabulosa eres. Quiero que seas tan amable contigo, como lo serías con tu mejor amiga o con un bebé recién nacido.

Cuando trabajo en entrenamiento con mis clientas, siempre comienzo esta etapa con una indagación acerca de lo que ellas se dirían a sí mismas si las cosas salieran mal. Así que, piensa por un momento sobre la última vez que tuviste dificultades. Puedes pensar en una situación que no tenga demasiada relevancia o en algo de verdad importante. Puedes considerar situaciones que vayan desde no alcanzar el metro hasta perder a un ser querido. ¿Cuál fue el primer pensamiento negativo que te pasó por la mente? ¿Acaso fue "No soy suficiente" o "Nadie me va a querer"? Quizá pensaste algo como: "Estoy dañada" o "El mundo está en mi contra". ¡Ouch! Creo que acabas de dar con la base de las grandes mentiras.

En esta sección encontrarás ejercicios y desafíos que te ayudarán a desarrollar el amor propio y la autoestima. En realidad quiero que te ames lo más posible y que trabajes a un nivel muy profundo de respeto por ti. Y no te sorprendas si necesitas volver a hacer los ejercicios, recuerda que estamos tratando de cambiar nuestras creencias fundamentales, por lo que la repetición es necesaria.

Vamos a analizar las mentiras de la base de todo, una por una. Debes detectar cuál te es más familiar y trabajar en ella hasta que comience la transformación. ¿Estás lista? ¡A cavar!

MENTIRA #1:

No soy suficiente.

También puede aparecer como:

No soy suficientemente buena.
No valgo nada.

La verdad: En una encuesta realizada en línea por el sitio Oprah.com, se les preguntó a las lectoras: "¿Qué es lo que hace falta en tu vida?", la respuesta más dada, por mucho, se relacionó con el amor propio. Esta mentira, la que te dice que no eres suficientemente buena, que no vales nada, es una especie de pandemia. Pero no debes creerla porque *sí* eres suficiente, y porque todo lo que haces *sí* representa una aportación. *Sí* vales la pena. Declarar que eres suficiente es, en sí, una decisión, y ya es hora de que la tomes. Es un paso muy importante, así que no te preocupes de que te tome tiempo. Necesitas tomar la decisión una y otra vez *hasta que se convierta en una creencia fundamental.*

Hace poco conduje, con Christine Arylo, un retiro de tres días para el Círculo Dorado de la Sabiduría Interior. Eran 21 mujeres extraordinarias que se comprometieron a llevar a cabo un cambio radical en sus vidas. Durante el retiro me sorprendió la vulnerabilidad y la valentía con la que todas hablaron y dijeron la verdad acerca de la manera en que la mentira *No soy suficiente* las ha saboteado en repetidas ocasiones. Terminamos juntas el fin de semana y cada mujer se paró al centro del círculo, en donde hizo la "declaración" que necesitaba escuchar. La frase "Sí eres suficiente", se repitió varias veces. Ahora te invito a ti a que pases al centro de nuestro círculo virtual, que te imagines rodeada de un grupo de mujeres radiantes que te aman por lo que eres. Imagina que te decimos: "Sí, eres suficiente." Permite que la frase te cubra por completo y realiza el desafío que se presenta a continuación.

Desafío: La serie de preguntas y sugerencias a continuación, te ayudarán a recordar cuánto te amas y que sí eres "suficiente":

- ¿Cuál es tu valor intrínseco? Observa que la pregunta no es "¿Qué te hace ser valiosa?" Comienza por examinar quién *eres* en el mundo. Haz una lista de las cualidades que contribuyen a tu valor intrínseco y colócala en algún lugar donde puedas verla todos los días. Ese valor intrínseco podría incluir tu actitud positiva, tu sonrisa, la forma en que respetas a otros o la forma en que educas a tus hijos.

- Fíjate en las veces en que tiras a la basura tu amor propio y tu autoestima. ¿Será que hay algunas personas en tu vida que promueven en ti esa sensación de poca valía? (Cuando visitas a tu mejor amiga de la preparatoria, ¿te sientes como perdedora? ¿Te sientes poco valiosa después de comer con alguna compañera de trabajo?) ¿Qué es lo que estimula los sentimientos de odio por ti misma? (Cuando piensas en tu cuerpo y en la forma que tiene, ¿siempre terminas yéndote hacia "el lado oscuro"?).

- Comprométete a estar plenamente consciente de los distintos aspectos de tu vida y de la gente que alimenta la sensación de poca valía. Trata de pasar menos tiempo con los "vampiros succionadores de energía" (ya sabes, la gente negativa que te roba energía y luz). O, si te es posible, ¡deja de relacionarte con seres negativos de una vez por todas!

Estos sentimientos de inferioridad casi siempre surgen en la infancia. Es como si la niña o la preadolescente que vive en nosotras, continuara gritando; pidiendo cariño y aprobación. Así que ahora debemos volver a educarnos con amor. El siguiente juego será de ayuda. El objetivo es reemplazar los sentimientos de poca valía con sentimientos de amor por nosotras mismas, de aceptación, aprobación y autoestima.

- ¿Te acuerdas de esas tablas del kínder en donde nos calificaban con estrellitas doradas? Vamos a hacer una para que puedas llevar el registro de cuánto te cuidas a ti misma (será la gráfica de tu Superestrella). Aquí tienes un ejemplo: mi clienta, Danielle, era una mujer hermosa y llena de confianza en sí misma, pero cada vez que se reunía con sus hermanas, se transformaba en una beligerante muchachita de trece años. Por esa razón comenzó a darse una estrella dorada cada vez que enfrentaba de manera adecuada los ataques de sus hermanas (a ellas les parecía que eran muy graciosas pero siempre terminaban lastimando y criticando a Danielle).
- Si logras proteger tu amor propio en las situaciones más desafiantes y enfrentar a personas muy tercas, entonces obtienes dos estrellas en lugar de una. Eso fue lo que sucedió con Danielle cada vez que abandonaba las reuniones familiares antes de que sus hermanas comenzaran a beber más de lo debido y a chismear. Tú puedes otorgarte una estrella cada vez que evites involucrarte en una conversación llena de quejas con alguna amiga del trabajo, o cada vez que te niegues a hacer algo que no quieres (¿tal vez como esa venta de pasteles en la que no quieres participar?). Recuerda que el objetivo es crear conciencia de los momentos en los que tiendes a abandonarte en lugar de recompensarte por apoyarte a ti misma.
- Consiéntete cada vez que tengas un logro importante. El sistema de Danielle consistía en darse una caminata por la playa por cada diez estrellas, un masaje terapéutico o una manicura de fantasía por cada veinte, y por cada cien estrellas que reuniera, ¡vacaciones! Vamos, ¡te reto a premiarte!

MENTIRA #1: NO SOY SUFICIENTE

Afirmación: "¡Ninguna cantidad de estrellas doradas del mundo es suficiente para empezar a describir lo que realmente valgo!"

A menudo le impedimos el paso a las bendiciones que merecemos porque sentimos que no valemos nada, que no somos suficientemente inteligentes o hermosas; que somos indignas... Pero tú eres valiosa por la sencilla razón de que naciste y estás aquí. Estar aquí y estar viva te da derecho a aceptar tu valor. Tú sí eres suficiente.

—OPRAH WINFREY, conductora de *talk show* y multimillonaria por derecho propio.

MENTIRAS ESTÚPIDAS QUE LAS MUJERES SE DICEN A SÍ MISMAS ⟨ 41 ⟩

MENTIRA #2:

Soy un fraude total.

También puede aparecer como:

Soy una impostora.

La verdad: A tu Crítica interior le fascina repetirte esta mentira, una y otra vez, a lo largo de tu vida, sobre todo cada vez que miras alrededor y decides correr riesgos. Cuando sales de tu zona de confort se crea un espacio en donde esta mentira puede prosperar. *Es normal que al participar en un juego mayor te sientas como una nueva versión de ti misma.*

La verdad es que la vida sólo te da aquello para lo que estás preparada. ¿Tienes un empleo nuevo? Seguramente estás calificada para desempeñarlo o, de otra manera, no te lo habrían dado. ¿Recibiste una invitación para participar en un grupo de liderazgo con otras mujeres llenas de energía? Felicidades, ¡seguramente tú también tienes mucho que aportar!

Recuerdo a Kristy, una clienta cuya Arpía interior la castigó con esta mentira cuando se mudó a su casa nueva. Ésta era dos veces más grande que la anterior, por lo que a Kristy le parecía que tenía demasiado espacio y, casi se habría atrevido a decir (gulp), que era ostentosa. Los primeros meses no pudo dejar de sentir que la policía llegaría en cualquier momento a arrestarla por ser una impostora. Pero cuando entendió que su Crítica interior era la fuente de esta mentira, se relajó en su nuevo hogar, y sintió gratitud por lo que ella y su esposo habían logrado.

Desafío: La próxima vez que te empieces a creer la mentira de que eres una impostora, pregúntate:

1. "¿Cuál es la oportunidad de crecimiento que tengo a la mano?" (¿Un empleo nuevo? ¿Un ascenso? ¿Un contrato para publicar un libro? ¿Adquirir un bien inmueble nuevo?). En el caso de Kristy, la oportunidad fue mudarse a una casa más grande.
2. "¿Cómo logré esta nueva oportunidad o bien?" Kristy y su esposo trabajaron como locos para reunir el enganche de su casa. También tuvieron algo de suerte con las negociaciones de bienes raíces y recibieron una herencia. Asimismo, fabricaron un pizarrón con imágenes de la casa de sus sueños. Hmm... En cuanto Kristy respondió a esta pregunta, por fin descubrió que, después de todo, ¡ellos habían sido quienes provocaron la oportunidad!
3. "¿Cuáles son las tres principales razones por las que me lo merezco?" Las de Kristy fueron: 1. Necesitaban más espacio porque su familia estaba creciendo y tanto ella como su esposo trabajaban en casa. 2. Ella y su esposo cuidaron de la madre de éste, e invertir parte de su herencia en una casa nueva, fue un homenaje que le rindieron. 3. Kristy tiene, desde que nació, el derecho a vivir en un espacio hermoso.
4. "¿Qué es lo que mi Sabiduría interior acepta como la verdad acerca de la oportunidad o bien adquirido?" La Sabiduría interior de Kristy sabía que su casa era símbolo del amor, éxito y trabajo de ella y su esposo. Ellos agradecen diariamente la oportunidad que recibieron; la aprecian y la respetan.

Sé que a medida que vayas desenmarañando la historia de la impostora, descubrirás la verdad acerca de cuánto te mereces esta nueva vida, y que de ahora en adelante tu Superestrella brillará con aún más fuerza.

Afirmación: "Acepto con alegría los regalos de la vida. Los merezco todos y sé que nunca me será dado más de lo que puedo manejar." (Sugerencia: ¡siéntete con la libertad de insertar la verdad de tu Sabiduría interior obtenida en la pregunta 4, sobre ésta afirmación!).

Eres un imán viviente.

—BRIAN TRACY, presidenta y directora ejecutiva de Brian Tracy International, empresa especializada en el entrenamiento y desarrollo de individuos y organizaciones.

MENTIRA #3:

No soy digna de ser amada.

La verdad: Querida, imaginemos que nos tenemos frente a frente. Déjame hablar contigo, con la verdadera tú. Por favor escucha lo que tengo que decirte: "Todas somos dignas de ser amadas." Sin importar lo que hayas hecho, *tú* también lo eres. No importan los errores que hayas cometido, hay un lugar en donde el amor te espera. El primer paso que debes dar para aceptar esta realidad, consiste en aceptar el reto de amarte.

Cooper era una ingeniosa escritora que cocinaba maravillosos platillos vegetarianos, sin embargo, tenía una Crítica interior que era brutal y le hacía creer esta terrible mentira. A su Arpía la llamamos "La amargada Lulú". La amargada Lulú llevaba un martini en una mano y un cigarrillo en la otra. Siempre estaba por ahí diciendo: "No eres digna de ser amada. ¿Quién querría hacerlo? *Jamás* te van a querer, muchachita."

Después de darle nombre a La amargada Lulú y de detectar su presencia, Cooper tuvo una epifanía. Se dio cuenta de que lo que su Arpía interior trataba de hacer con esa mentira, era mantenerla a salvo para que nadie la hiriera; para que no fuera vulnerable. En otras palabras, pensar que estaba a salvo de ser herida, era el gran beneficio que obtenía al creer que, de verdad, no era digna de ser amada. Por desgracia, el costo era demasiado alto. Debido a que La amargada Lulú estaba a cargo de la situación, Cooper no dejaba de atraer a hombres que la trataban mal, con lo que, por supuesto, reforzaba su creencia: "No soy digna de ser amada." No obstante, Cooper deseaba amor; quería recibir un sentimiento verdadero y anhelaba que terminara ese continuo discurso de desamor. Lo primero que hizo fue iniciar una relación amorosa consigo misma, lo que sirvió para que su vida se transformara por completo. Además de sentirse más feliz siendo quien era, en un año terminó atrayendo a su alma gemela (se conocieron en el mercado de comida, en donde coincidieron mientras ambos buscaban rábanos recién cosechados). Pienso que el hecho de no saber en dónde te encontrará el amor, es muy romántico, ¿no crees? Ahora Cooper se encuentra felizmente casada.

Desafío: Busca un lugar tranquilo en donde te puedas sentar y visualizar lo siguiente. (Me encantaría guiarte en este proceso. Recuerda que en www.BigFatLiesTheBook.com, lo encontrarás como descarga gratuita incluida en tu paquete de herramientas de la lectora).

- Respira profundo diez veces. Permite que el aire llene tu vientre y luego los pulmones. Cuenta cada vez que inhales y observa cómo se calma tu respiración, y lo lindo que es permanecer así, simplemente sentada.
- Ahora imagina que estás sentada frente a ti misma y que te miras a los ojos.
- Mírate a los ojos y sólo nota tu presencia.
- Observa lo bella y amable que eres. Identifica qué es lo que sí funciona de ti.
- Ahora observa las desilusiones que cargas. Los sueños que todavía no has realizado; todo aquello que no funciona en tu vida.
- Imagina, por un momento, que eres tu mejor amiga. ¿Qué te dirías a ti misma? ¿A tu más querida y amada amiga?

MENTIRA #3: NO SOY DIGNA DE SER AMADA

- Acepta, de verdad, tus palabras.
- Termina la conversación diciendo: "Te amo, eres perfectamente digna de ser amada."
- Observa cómo se siente tu cuerpo cuando articulas estas palabras de amor. Date cuenta de que es el principio de una hermosa amistad; una que sobrevivirá al paso del tiempo.

¡Felicidades! Acabas de encontrar a tu Superestrella y a tu Sabiduría interior. Ambas te aman de forma incondicional y saben que eres adorable.

Repite este ejercicio por 42 días. Te garantizo que se modificará tu programación celular y comprenderás que, efectivamente, eres digna de ser amada.

Afirmación: "Todo el mundo es digno de ser amado, especialmente yo."

> *Mereces, al igual que cualquier otra persona*
> *del universo, amor y afecto.*

—BUDA, maestro espiritual.

MENTIRAS ESTÚPIDAS QUE LAS MUJERES SE DICEN A SÍ MISMAS   47

MENTIRA #4:

Debí haberlo sabido.

También puede aparecer como:

Debí haber actuado de manera distinta.

La verdad: Si hubieras sabido qué sucedería, habrías actuado de manera distinta. A veces reaccionamos como si existiera otra versión de nosotros mismos, un "perfecto yo" que hace todo mejor que el "verdadero yo". Pero claro, cuando entramos al juego de compararnos con un yo perfecto e inexistente, es imposible estar a la altura. La realidad es que el único yo que existe es el que está presente aquí y ahora. Nuestro verdadero yo hace lo mejor que puede. Saquemos de nuestro vocabulario el verbo "deber", sobre todo en relación con el pasado "debí", y pongamos fin al juego de las comparaciones.

Sharon solía caer en este juego todo el tiempo. Estaba a la mitad de su tesis y no dejaba de compararse con su perfecta yo. Creía que debía terminar el documento en tiempo récord, pero cuando por fin logramos que se diera cuenta de que se había enganchado en un juego, terminamos riendo como locas. Sharon se sintió aliviada de abandonar la rutina de "ganarle al reloj invisible". Al final, terminó su tesis poco antes de la fecha límite y sintiéndose muy orgullosa de su trabajo.

Desafío: Identifica en qué momento caes en el juego de la comparación con el perfecto yo.

1. Elabora una lista de los "debería" que has utilizado en tu discurso.
2. Identifica cómo los "debería" te han impedido avanzar en la vida.
3. Disfruta lo bien que se siente deshacerse de la lista de "debería".
4. Perdona y acepta a tu yo verdadero y actual.
5. Cambia la palabra "debería" por "podría", y observa cómo el cambio te lleva a la tierra de la posibilidad y la inspiración. Por ejemplo: "Debería ir al gimnasio tres veces a la semana", se convierte en: "Podría ir al gimnasio tres veces a la semana"; "Debería limpiar el garaje", se convierte en: "Podría limpiar el garaje"; "Debería poner al día mi chequera", en: "Podría poner al día mi chequera."

Afirmación: "Siempre hago mi mayor esfuerzo."

Hay bondad en todo.

—ERNEST HOLMES, escritor estadounidense y maestro espiritual, fundador de Science of Mind.

MENTIRA #5:

No estoy a la altura.

También puede aparecer como:

Soy mucho mejor que todos los demás.

La verdad: Esta creencia es algo parecida a apostar en Las Vegas. Si entras al juego de la comparación, tarde o temprano terminarás perdiendo. Siempre. Cuando estás en el "equipo ganador" (es decir, te va mejor, luces mejor o tienes mayores logros), terminas marginándote porque pareces arrogante y eso contribuye a que te distancies en lugar de que te vincules. Asimismo, cuando estás en el "equipo perdedor" (todos los demás lucen mejor, a todos ellos les va bien y tienen muchísimo más que tú), terminas sintiéndote muy mal contigo misma, ¿y quién quiere sentirse así?

En una ocasión, mi querida amiga Samantha Bennett, creadora de Organized Artist Company, me dijo: "Es como si mi vida fuera un increíble salón de fiestas y yo sólo pudiera enfocarme en el polvo acumulado en los rodapiés. Luego volteo y comparo mi polvo con el de alguien más que está ahí en el salón. De esa manera jamás estaré a la altura." ¡Así es! ¡Estás en lo correcto!

Jamás podremos saber qué sucede en la vida de los demás porque la única verdad que conocemos es la nuestra. Así que abandona el juego de la comparación, ¡y entra al hermoso salón de fiestas de tu vida!

Desafío: Renuncia al juego de la comparación ya , ¡y celebra en el salón de fiestas que es tu vida!

- Detecta en qué momento eres propensa a entrar al juego de la comparación. Es decir, ¿cuándo empiezas a fijarte en el polvo de los rodapiés? ¿Es cuando piensas en el dinero? ¿Tal vez en tu peso corporal o tu imagen? ¿En tu vida amorosa? ¿En tu carrera?

- Renuncia a tu adicción a compararte, en ese preciso momento. A Christine Arylo, mi socia en el Reformatorio de Arpías, le encanta llamar a esta fase "la dieta de la comparación". Así como un nuevo plan alimenticio te mantiene alejada de la comida chatarra, la dieta de la comparación te exige ser estricta contigo misma en relación con alimentarte o no de tus pensamientos nocivos.

- Reúne un grupo de apoyo con el que puedas contar para mantenerte "en el camino". La misión de este equipo es hacer sonar el silbato cada vez que caigas en el juego de la comparación, así como motivarte para que te enfoques en lo que posees: un hermoso salón de fiestas. Cada vez que sientas que estás comparándote de nuevo, llama a las integrantes de tu equipo.

- Expresa tu gratitud por todo lo que te ofrece el salón de fiestas de tu vida. Recuerda que muchas personas han logrado renunciar a sus adicciones gracias a que hicieron cambios radicales. Permite que esto te inspire a abandonar el juego de la comparación.

Afirmación: "Levanto la mirada para dejar de fijarme en los rodapiés y comenzar a ver el panorama total de mi vida. ¡Pleno, glorioso e incomparable!"

La rosa es mejor cuando es rosa. Las azucenas son mejores cuando son azucenas. ¡Y mira! Tú, ieres el mejor cuando eres tú mismo!

—RUMI, poeta persa y místico sufí del siglo XIII.

MENTIRA #6:

Si no fuera por mí, nadie haría nada.

También puede aparecer como:

Yo me sacrifico siempre y a nadie le importa.

La verdad: Si esta mentira te suena familiar, entonces me da pena decirte lo que sucede: estás actuando como mártir. Asumir el papel de mártir siempre es una elección, pero estoy lista para hacerte entender lo que soy: una entrenadora que te hará despertar, así que prepárate. Si sientes que constantemente te sacrificas, la única que puede impedir que eso siga sucediendo, ¡eres tú misma! Y te lo digo con todo mi cariño, querida. Cada vez que asumes el papel de víctima, sucede alguna de las siguientes cosas:

1. Quieres atención y poder quejarte de algo. Si es tu caso, llegó la hora de que enfrentes la necesidad de recibir atención negativa porque, al hacerlo, sólo estás aprovechando tu miseria. Tu desafío consiste en no quejarte en absoluto por los próximos 30 días, y descubrir lo creativa que puedes ser para resolver problemas.

2. La otra posibilidad es que de verdad tengas el deseo de servir a otros y de contribuir, pero lo haces a costa de ti misma. En ese caso, debes dar un paso atrás y comenzar por cuidarte antes que pensar en los otros. Tu desafío consiste en convertirte en tu prioridad. Después de eso ya podrás ayudar a quienes te rodean. En realidad sólo es cuestión de tiempo.

AMY AHLERS

Desafío: Imagina que tu vida es un gran armario lleno de prendas que representan distintas actitudes. Ahí puedes encontrar un atuendo de poder, de alegría, de victimización, etcétera. Ponte el atuendo de víctima y observa qué sientes. ¿Cómo luce? ¿Qué tal te queda? ¿Es el traje que usas para mantenerte en tu zona de comodidad? ¿Te parece conocido? Sé honesta en este ejercicio.

¿Cuál es el costo de usar todo el tiempo el traje de mártir? ¿Cuáles son los beneficios?

Decide qué harás con el atuendo; si eliges guardarlo en tu armario, comprométete a no usarlo con frecuencia, También puedes optar por ¡mandarlo al diablo de una vez por todas! ¿Qué otros atuendos de tu talla podrías probarte?

Afirmación: "Tengo *poder* y, por eso, ¡elijo cuidar de mí misma en primer lugar!"

Soy el dueño de mi destino. El capitán de mi alma.

—de "Invictus", por WILLIAM ERNEST HENLEY,
poeta, crítico y editor inglés.

MENTIRA #7:

Estoy avergonzada.

La verdad: Existen dos tipos de vergüenza. La que sientes cuando cometes un error y la que sientes por lo que te ha sucedido, por sucesos que estuvieron fuera de tu control. No obstante, ambos tienen en común que te hacen enfocarte en el pasado y en los errores o momentos difíciles que has vivido.

Si te avergüenzan tus acciones y tu forma de ser, ha llegado el momento de que enfrentes tus errores sin importar cuán horribles te parezcan, y que los veas como una oportunidad de crecimiento y aprendizaje. Finalmente, avergonzarte no te sirve de nada; sólo sofoca la esperanza e inhibe cualquier posibilidad de que aprendas algo o de que madures. Debes perdonarte a ti misma.

Si la fuente de tu vergüenza es todo aquello que te ha sucedido pero que estuvo fuera de tu control, entonces aprende de la historia de Greg, un músico que ha sido mi cliente por mucho tiempo. Greg siempre se sintió avergonzado por los abusos que sufrió en su niñez. En su mente, sabía que la vergüenza era injustificada porque, después de todo, tan sólo era un niño cuando abusaron de él, y la noción de hasta dónde llegaba su responsabilidad, aún no estaba bien definida. Greg fue a terapia durante años con un maravilloso terapeuta con el que trabajó su trauma y realmente logró procesarlo. (Confío en que no te sumergirás en una memoria vergonzosa que te resulte cómoda, y también espero que busques la ayuda de un grupo de apoyo o de un terapeuta profesional en caso de necesitarlo. No permitas que el orgullo o el miedo se interpongan o te impidan obtener toda la ayuda que necesites, ¿de acuerdo?). Conforme Greg y yo fuimos cavando, descubrimos que a pesar de que era muy niño cuando sucedió el abuso, se sentía avergonzado por no haberse defendido. Asimismo, a pesar de que su atacante lo amenazó, le abrumaba no haber hablado con algún adulto para que lo ayudara. Su Crítico interior lo apaleaba con una noción bastante ridícula de que pudo haber hecho algo. De alguna forma, Greg creía que un niño habría sido capaz de enfrentar a un adulto. ¿No te parece una gran mentira? Para ayudarle a dejar atrás su vergüenza, le sugerí que empezara a hablarse a sí mismo con ternura y amabilidad, de la forma en que lo haría con su mejor amigo o con un niño. Esto le ayudó a verse de otra manera, con más compasión, y, finalmente, pudo liberarse de aquella falsa noción que tenía de haber sido responsable por el abuso vivido. Fue como la escena de *Good Will Hunting* en que el personaje de Robin Williams (el terapeuta) le repite al personaje de Matt Damon (el paciente), una y otra vez: "No es tu culpa", hasta que Matt Damon rompe en lágrimas y deja salir, de una vez por todas, la vergüenza por lo que había sufrido en la niñez.

Tu poder está en el presente, así que vamos a trabajar en que dejes atrás toda esa vergüenza ahora mismo.

Desafío: Reflexiona sobre lo siguiente:

1. Pregúntate: "¿Qué me avergüenza?", sé específica y honesta al responder. Observa si lo que provoca esta actitud en ti es la forma en que has actuado o quien has sido, o si más bien asumes la responsabilidad de los actos perpetrados por alguien más. Si fuera el caso, continúa raspando las capas tal como lo hizo Greg, y trata de

descubrir si lo que te apena es no haberte defendido o no haber reclamado, sin importar cuán poco realista sea la noción de que pudiste haberte defendido.

2. ¿Qué te dice la Crítica interior acerca de esta situación? Permite que las palabras que te atormentan y te hacen sentir avergonzada, salgan a la luz.

3. Cierra los ojos, respira hondo y pregúntate: "¿Qué es lo que sabe mi Sabiduría interior?"

4. Escribe la verdad de tu Sabiduría interior y articúlala en voz alta para ti misma. Al mismo tiempo, haz el gesto de tu Sabiduría (tal como lo expliqué en la introducción).

5. Pregúntate: "¿Qué le diría a un amigo muy querido si él, o ella, sintieran esta vergüenza? Elige palabras llenas de compasión.

6. Retoma la respuesta dada en el punto anterior y habla contigo misma como lo harías con tu amigo o amiga. Tal vez puedes decir algo como: "Vamos, todos cometemos errores. Me parece que cada vez tienes más claro lo que deseas de la vida, y eso, ¡es muy bueno!" También podrías decir: "Eres una buena persona pero te equivocaste. ¿Qué fue lo que aprendiste?", o afirmar: "Estoy lista para dejar atrás la responsabilidad que siento por los terribles actos cometidos por otros. Estoy lista para sanar."

7. Finalmente, haz un ritual de sanación. Llena los espacios vacíos en las oraciones; al terminar, léelas en voz alta. Te ayudará mucho ponerte de pie con altivez, incluso extender los brazos para sentir la renuncia. Hasta puedes encender una vela o ir a un lugar que te agrade mucho (como una playa, iglesia o algún sendero por el que te guste caminar). De hecho, si un ser amado te observa en este ritual, el resultado puede ser muy impactante. Pídele que mientras lo haces diga: "Así sea."

Afirma en voz alta:

Por este medio dejaré salir toda la vergüenza que siento por
_____ [nombra la experiencia, sin entrar en los detalles

de la anécdota]. Para sanar, la ofrezco al universo/Dios/fuente de energía. Estoy lista para aprender las lecciones que me brindará esta experiencia, y ahora confío en que sucedió para mi beneficio. Nos perdono, a mí y a _____ [haz una lista de las otras personas a las que tienes que perdonar, en caso de que sea lo más apropiado]. Sé que _____ [llena el espacio con las palabras que usaste en el paso número 6]. Todo está bien. Así sea.

Afirmación: Toma las respuestas que diste en los pasos 5 y 6, y repítelas diariamente durante un mes.

Entender es perdonar, incluso perdonarse a uno mismo.

—ALEXANDER CHASE, periodista estadounidense.

MENTIRA #8:

Estoy dañada de por vida.

La verdad: ¡Ouch! Cada vez que escucho a alguien sostener esta mentira, se me llenan los ojos de lágrimas. Me recuerda al montón de ropa que las tiendas ofrecen a mitad de precio sólo porque tiene una diminuta rasgadura o defecto. Y *tú*, mi querida amiga, *no* estás dañada de por vida, tu lugar no está en el montón de la ropa defectuosa. Dentro de ti se encuentra la Superestrella, que sólo espera la oportunidad de brillar.

Lo que yo de verdad sé, es que puedes dejar atrás cualquier parte de tu pasado que elijas, y hacerlo en cualquier momento. Tienes el poder de revelar los grandes obsequios que el dolor te ha brindado y, lo que no sirva, lo puedes tirar a la basura. Eres capaz de volver a empezar cuando quieras y, cuando lo hagas, descubrirás que tu actitud puede dar origen a una experiencia totalmente nueva. Gente nueva, circunstancias distintas y una nueva vida: una que sea digna de ti.

Desafío: Si eres presa de la idea errónea de estar dañada de por vida, ha llegado el momento de redefinir tu relación contigo misma. ¿Cuáles son los sucesos que te llevaron a creerlo? (El ejercicio que se presenta a continuación, está diseñado para ayudarte a debilitar esta idea desde la raíz. Si llega a surgir algún recuerdo que no puedas manejar, por favor asegúrate de buscar ayuda profesional para obtener el apoyo que mereces). Sigue el procedimiento que se describe a continuación:

- Cierra los ojos y piensa en la mentira: "Estoy dañada de por vida." Pon atención a las reacciones de tu cuerpo. ¿Sentiste un nudo en la garganta? ¿Subió la temperatura de tus manos?
- Respira pensando en la zona del cuerpo que reaccionó. Observa en qué edad te ubica la sensación y los recuerdos que emergen. ¿Sientes que eres de nuevo una chica de dieciséis años perseguida por el joven que te gusta?
- ¿Cuánto control tuviste sobre esos sucesos? Por ejemplo, si todavía te afecta el hecho de que la maestra de educación física te reprendió en tercero de primaria, piensa en cuánto pudiste haber hecho, como niña, para evitar esa humillación. (¿Y adivina qué? Ningún niño se puede defender de un adulto, particularmente de uno autoritario que, en realidad, debería ver por el bienestar del infante).
- ¿Cuánto control tienes ahora sobre la forma en que asimilas aquellos sucesos? Pista: aquí es donde radica tu poder, en la forma en que asimilas lo vivido y cómo lo estructuras en tu interior.
- ¿Cuáles son las primeras tres experiencias que te vienen a la mente que te han ayudado a sentirte poderosa? ¿Cuando sales huyendo? ¿Cuando presentas a tus colegas tus ideas con valor y confianza? ¿Cuando nació tu bebé?
- Si le hablaras a tu Yo del pasado sobre los sucesos difíciles que experimentó, ¿qué le dirías? Escríbele una carta a ese Yo (tal vez al de cuando tenías ocho o 20 años) y exprésale cómo te sientes hoy al respecto de esas vivencias.
- Haz el compromiso de conocer a tu Yo del presente. Puedes hacerlo a través de una reunión semanal o mensual contigo misma. ¡Sí! ¡Ahora tendrás cita con la fabulosa Tú! Tal vez te puedes llevar al cine en esa noche especial, poner al día tu diario en una

cafetería o tomar un baño caliente. La idea es conocer quién eres en este momento.

Afirmación: "Soy íntegra. Soy amada. Soy poderosa."

> *Todo mundo está dañado.*
> *Todo mundo está algo destartalado, ¿no?*

—PAUL QUARRINGTON, dramaturgo,
novelista y cineasta francés.

MENTIRA #9:

No pertenezco.

También puede aparecer como:

Éste no es mi lugar. Soy diferente.
Soy peculiar.

La verdad: Esta mentira es tan común como dolorosa. Se siente con tanta dureza como cuando presionas la nariz contra un vidrio, como si fueras la extraña que observa la fiesta pero no participa.

Además esta mentira es difícil de abandonar porque, como ofrece un gran beneficio, resulta difícil manejarla. Después de todo, yo también quiero que te sientas especial y única, y que celebres el hecho de que eres un ser particular. Sin embargo, no me gustaría que terminaras aislándote debido a los rasgos que te diferencian, ni que te marginaras del mundo. ¡Deseo que sientas que tu tribu te ama y te apoya!

Rachel tenía una Arpía interior a la que le encantaba vapulearla con la idea de que "no pertenecía". Todo comenzó en la preparatoria, cuando descubrió que el grupo de las chicas populares la pasaba muy bien, en tanto que ella permanecía sola e insegura. La verdad, por supuesto, es que la inseguridad afectaba incluso hasta a aquellas chicas, y que las dudas y el intenso deseo de pertenecer, también las embargaban. ¡Todas sufrimos en la pubertad, cariño!

Cuando se convirtió en una mujer adulta, Rachel se dio cuenta de que ya ni siquiera estaba tratando de pertenecer porque le resultaba más sencillo creer que no podía formar parte de nada, a salir, arriesgarse y crear vínculos. Así de engañosa puede resultar esta mentira. Creer que una no pertenece es una forma de protegerse. Te mantiene a salvo pero, a menudo, también te convierte en una mujer triste y sumamente solitaria. ¡Llegó el momento de dejar de creer en esta mentira!

Desafío: Como tu entrenadora, estoy muy interesada en conocer las consecuencias de esta mentira en tu vida. Para averiguarlo, responde las preguntas:

- ¿Cómo celebras el hecho de que eres única?
- ¿Cuál es la conexión entre verte como una mujer diferente y especial, y sentir que no perteneces?
- ¿Cómo te aíslas? ¿Cómo contribuyes a crear esa sensación de que no perteneces? Asume la responsabilidad por las actitudes con las que te alejas, te ocultas o te separas de los demás.
- Para ti, ¿en dónde se marca la línea entre celebrar tu fabulosa idiosincrasia, y sentirte aislada, distinta y sola?
- ¿En qué sentidos *sí* perteneces? ¿Cuáles son las personas que te apoyan? ¿Has creado algún grupo social en el que puedas ser cien por ciento tú?
- Durante las próximas 48 horas reúne evidencia de lo mucho que perteneces. Observa en qué momentos te sientes adecuada; apunta las invitaciones, las sonrisas de recepción y las ofertas que te hacen otras personas.
- Si sientes que no tienes un grupo, tu desafío consiste en formar uno. Después de todo, también eres una líder; así que ve e inicia tu propia comunidad. ¡Te está esperando!

Afirmación: "Pertenezco. Estoy invitada. Me celebro a mí misma."

Aquellos que importan no se preocupan, y aquellos que se preocupan, no importan.

—BERNARD BARUCH, especialista en finanzas y estadista estadounidense.

MENTIRA #10:

No hay nada que pueda hacer.

También puede aparecer como:

El mundo está en mi contra.

La verdad: Somos muy poderosas, tanto, que hasta podemos *renunciar a nuestro poder*. A veces es mucho más sencillo desempeñar el papel de víctima porque, de esa manera, no es necesario responsabilizarse por nada de lo que sucede alrededor. En lugar de eso, te sientas y te quedas con el sentimiento de que eres miserable (y todos sabemos que, a la miseria ¡le encanta tener compañía!). Sin embargo, esta actitud conlleva un sinfín de desventajas: es aburrida y deprimente y, además, te hace creer que tu vida no tiene sentido.

Por otra parte, si utilizas tu poder para responsabilizarte, podrías divertirte mucho. El acto de estar en control suele ser atemorizante al principio, pero te permitirá gobernar tu universo. Te brindará una verdadera sensación de libertad y te dará la oportunidad de correr aventuras y ser creativa.

Desafío: Para dejar atrás la mentalidad de víctima debes identificar sobre qué cosas sí tienes poder. Responde las preguntas:

- ¿Cuánto poder tienes sobre tus estados emocionales? Pon mucha atención en este aspecto, solemos sentir que somos víctimas de las emociones; sin embargo, éstas provienen de los pensamientos y éstos, a su vez, pueden manejarse de manera razonable. Es por esto que me interesa que hagas las declaraciones y que te sintonices con la verdad de tu Sabiduría interior (claro, para que puedas deshacerte de las mentiras de la Crítica). Si cuentas con una mente más abierta, podrás empezar a plantar las semillas de los pensamientos positivos. Y, por supuesto, si tienes pensamientos positivos, ¡te sientes bien!

- ¿Con qué frecuencia le dices: "No" a aquella persona o situación que te victimiza? Somos mujeres adultas y, en casi todos los casos, tenemos la opción de negarnos. Sólo basta encontrar la manera de hacerlo. Es decir, puedes renunciar a tu trabajo, dar por terminada una amistad que no funciona; ¡hasta renegociar los acuerdos que tienes contigo misma para sentir que tienes más poder!

- Cada vez que te sientes vulnerable, ¿actúas como víctima por reflejo? ¡Vaya! Ésta es una zona de confort que no sólo es incómoda, también se puede convertir en una tortura. Detesto esos patrones que creamos y que, por lo general, sólo nos hacen sentir mal. Identifícalos en tus respuestas de victimización.

- ¿En qué momentos de tu vida te sientes poderosa? Identifica las sensaciones que el poder produce en tu cuerpo. ¿Te da la impresión de que eres más alta? ¿Caminas de manera distinta? Explora posturas de poder y adóptalas cuando sepas que vas a estar con gente, o en una situación, que te pueda hacer sentir como la víctima. Por ejemplo, asiste a esa junta de trabajo vestida con un traje de defensa, elige un sillón prominente, siéntate bien erguida y decide que serás poderosa. ¡Observa los resultados!

- Trata, durante una semana, de adoptar una nueva perspectiva que te haga sentir más poderosa como: "Puedo hacerlo"; "Soy una súper mujer"; "Estoy lista para arrasar"; o "No me tomará la vida demasiado en serio".

- Vive con esa perspectiva toda la semana. ¡Y ve qué sucede!

Afirmación: Escribe una nueva Declaración para ti, basándote en la perspectiva que adoptaste. Puedes usar algo como "¡Soy una campeona!" o "Soy una (súper) mujer, ¡escúchame gritar!" ¡Elige una frase que te infunda energía y emoción!

Siempre he sido lo contrario a un paranoico. Funciono como si todo mundo fuera parte de un complot para fortalecer mi bienestar.

—STAN DALE, fundador del Human Awareness
Institute, y personalidad de radio.

MENTIRA #11:

Es demasiado tarde para mí.

La verdad: No hay mejor momento que el presente. No importa la forma en que esta mentira surja; puede ser que tu Crítica interior te moleste con comentarios sobre tu carrera como: "Es demasiado tarde para cambiar de profesión"; o tal vez se enfoque en tu vida amorosa: "Es demasiado tarde para encontrar el amor"; quizá quiera evitar el aprendizaje de nuevas habilidades con frases como: "Es muy tarde para aprender nuevos trucos." El punto es que, dado que estás viva y leyendo este libro, ¡te aseguro que aún hay tiempo!

La historia de George Dawson, presentada en The Oprah Winfrey Show, es un ejemplo verdaderamente inspirador de una persona que nunca creyó que era demasiado tarde. A los 98 años de edad, George decidió aprender a leer para terminar con el legado de analfabetismo que había en su familia. Para cuando cumplió cien años, el señor Dawson fue capaz de leer sus tarjetas de felicitaciones por primera vez en la vida. ¿Qué otra prueba necesitas?

Desafío: Desentraña y comprende de qué se trata esta mentira con el siguiente ejercicio:

- Identifica, con mucha precisión, en qué momento utilizas la mentira "Es demasiado tarde", como excusa. ¿Crees que es demasiado tarde para obtener un título profesional? ¿Para aprender a pintar? ¿Para ponerte en forma?

- Reflexiona de qué te priva esta mentira. ¿De la posibilidad de amar? ¿La oportunidad de iniciar una nueva carrera? ¿El gusto de pavonearte en traje de baño por la playa? Entrégate al sueño que has estado rechazando. ¿Qué es lo que de verdad, de verdad, quieres?

- Sobre cada cosa que consideras fuera de tu alcance, pregúntate: ¿Qué sería lo peor que podría pasar si te lanzaras a conseguirlo? Deja que tu Crítica interior te muestre el peor escenario. ¿Acaso cree que terminarás con el corazón roto? ¿Que reprobarás los exámenes y el curso completo? ¿Que el guión de cine que escribiste no se venderá?

- Identifica cómo te protege la Arpía interior. Ella cree que, si no lo intentas, entonces no saldrás lastimada. Su mantra es: "Me puedo ahorrar el fracaso y el dolor si no lo intento", pero la verdad es que, cada vez que te lastimas con esta excusa, de todas maneras sufres. Además, el deseo de realizar tu sueño sigue ahí atormentándote, lo aceptes o no.

- Ahora piensa en el mejor escenario posible. ¿Qué es lo mejor que podría suceder si te atrevieras? ¿Cuál sería el sueño más sublime que podrías realizar? ¿Obtienes tu título y te sientes la reina del universo? ¿Encuentras al amor de tu vida y vives feliz con él para siempre? ¿Vendes una pintura y descubres que hay alguien más que desea atesorarla?

- Revisa la evidencia que te proporcionan las vidas de quienes sí se atrevieron, incluso a pesar de que "era demasiado tarde". ¡Encontrarás historias tan inspiradoras como la de George Dawson! Jennifer, una clienta mía, descubrió la historia de una mujer que aprendió a pintar a los 83 años. También piensa en la mujer que conoció al amor de su vida a los 67, que fue lo que le sucedió a la madre de mi amiga Judy.

- Analiza con cuidado los datos y piensa si puedes manejar tanto el peor como el mejor escenario. Arriésgate, siente el miedo, ¡y lánzate a la aventura!

Afirmación: "Estoy lista para florecer en este momento."

Y llegó el día en que el riesgo de permanecer encerrada en el capullo, fue más doloroso que el de florecer.

—ANAÏS NIN, escritora franco-cubana.

La verdad: Esta mentira es una constante en el mundo de hoy. Nuestra idea de "la felicidad" puede alienarnos de las circunstancias en que vivimos, tanto, que *debemos* aprender a separarlas, o se nos irá el tiempo persiguiendo a la elusiva zanahoria atada a la vara. Y en cuanto alcances tu objetivo y consigas ese auto o casa nueva, el ascenso que deseabas, o en cuanto pierdas peso, fijarás la mirada en el siguiente deseo, tu siguiente zanahoria.

Voltea y fíjate en lo que ya tienes. Siempre pensaste que al conseguir cada cosa, se curarían todos tus males, pero no fue así, ¿verdad? Permanecer en estado de deseo es parte de la experiencia humana. En cuanto conseguimos el objeto del deseo, iniciamos la búsqueda del siguiente. Un buen ejemplo de la mentira "Cuando obtenga/sea_____, seré feliz", lo ofrece un estudio realizado por PNC Advisers, una empresa con base en Pittsburgh, dedicada a brindar asesoría a la gente adinerada. Más de un tercio de los millonarios encuestados dijo que tener suficiente dinero se había convertido en una preocupación constante, y que solamente se sentían seguros si tenían el doble. Es decir, una persona con dos millones de dólares, sólo se sentirá segura si tuviera cuatro; quien ya tenía cuatro, sólo con ocho; y la mujer que tiene mil millones, sólo se sentiría satisfecha con dos mil. ¿En dónde acaba todo esto? Sencillamente no termina. Tomando lo anterior en cuenta, lo que debemos hacer es recobrar la alegría y el gozo, *ahora*. Disfrutemos, sin ataduras ni ilusiones, cada paso del viaje donde saltamos de un deseo a otro.

Desafío: Haz una lista donde incluyas lo que más aprecias en la vida. Haz otra con todo lo que anhelas: a corto y largo plazo; lo tangible ("pesar 70 kilos"), e intangible ("Quiero sentirme llena de energía y salud"). Todos los días elige un elemento de cada lista, y enfócate en ambos. Expresa gratitud por la vida que tienes ahora y por tus deseos porque, eso que ahora quieres, será lo que te permita vivir la deliciosa ansiedad por lo que aún no ha llegado.

Marge se sometió a este desafío y descubrió que por mucho tiempo permitió que su idea general de carencia se interpusiera y le impidiera cumplir sus objetivos. Esto sucede muy a menudo. Cada vez que Marge se permitía desear algo, de inmediato sentía que "aún no había llegado ahí" y eso la dejaba con una sensación de amargura y tristeza. Para poder estar más tranquila, su equívoca solución consistió en reducir el deseo que sentía, pero eso sólo la condujo a llevar una vida mediocre y sin expectativas. Tras realizar este desafío, comenzó a desear con anticipación todo aquello que quería conseguir o lograr pero, al mismo tiempo, pudo apreciar y sentirse agradecida por lo que ya tenía. Marge permitió que el deseo volviera a su vida, y eso le ayudó a divertirse de nuevo. Y de paso, ¡también comenzó a obtener más de las cosas que anhelaba!

Afirmación: "¡Estoy feliz, contenta y ansiosa por tener más cosas bonitas!"

En la vida se deben buscar dos cosas: primero,
obtener lo que quieres, y luego, disfrutarlo.
Sólo las personas más sabias logran lo segundo.

—LOGAN PEARSALL SMITH, ensayista y crítico estadounidense.

MENTIRA #13:

La autocrítica es efectiva.

También puede aparecer como:

La única manera de tener logros, es siendo dura conmigo misma.

La verdad: Encontrar la forma de brindarte amor y compasión incondicionales, no sólo es el obsequio más maravilloso que puedas darte, también es la manera más efectiva para producir más de lo que deseas en la vida. Piensa que es algo muy parecido a criar niños. Cuando un niño está aprendiendo a caminar, no lo menospreciamos, criticamos o reprendemos cada vez que se cae. En lugar de eso, lo motivamos, le echamos porras y le hacemos saber que el proceso de caer es parte de la experiencia humana. Numerosos estudios han mostrado que este tipo de actitud es mucho más efectiva que dar nalgadas, infundir miedo o menospreciar al niño.

Lo mismo sucede en la relación que sostenemos con nosotras mismas. Entre más practiquemos el amor y el respeto por quienes somos, más felicidad y gozo tendremos. Y con esa base de amor y apoyo incondicional bien construida, seremos más exitosas. Yo he visto a gente caer en la trampa de pensar que, si se anima y es demasiado flexible consigo misma, caerá en la espiral de la auto indulgencia y la falta de control. Pero créeme cuando te digo que, tras más de una década de entrenar a otros, tengo la certeza de que eso no sucede. Al contrario: he podido comprobar que el amor propio y la compasión por uno mismo son el boleto para una nueva vida y para vivirla con más felicidad cada día. Después de todo, ¡la vida es demasiado corta para perderse una gota de alegría!

Desafío: Comienza por ser más amable contigo misma ahora. Sigue el proceso:

- Detecta de qué maneras estás siendo dura contigo. Cada vez que le pregunto a una mujer: "¿En qué aspectos eres demasiado dura contigo?", la respuesta suelen ser unos ojos desbordantes de lágrimas, sucede porque cada mujer conoce bien la respuesta. Admitirlo puede resultar vergonzoso.
- Evalúa qué temes que suceda si cambias tu actitud. Por ejemplo, si te castigas por tu peso, tal vez temes que dejar de hacerlo te lance hacia una tremenda comilona sin fin. Si continuamente te reprendes por no tener una pareja, tal vez temes que, si dejas de hacerlo, también dejarás de salir y terminarás sola. ¿No te parece extraordinario descubrir que nuestra Crítica siempre habla de manera absoluta y generalizando? A ella le encanta usar palabras como *siempre* y *nunca*. A menudo es posible transformar la estructura mental con tan sólo sustituir las palabras absolutas con algo como *a veces* o *sólo por hoy*. Es como magia, ¿verdad?
- Observa qué logras con este círculo de regaños y reprimendas para ti. Aquí surge una verdadera ironía. He descubierto que, con frecuencia, el mismo hecho de ser duras con nosotras mismas, es precisamente lo que provoca eso que más tememos. En otras palabras, cuando nos tratamos mal siempre terminamos comiendo como si no tuviéramos límite, o escogiendo al hombre incorrecto... una vez más.
- Decide que, de ahora en adelante, vas a experimentar con la empatía y el amor por ti misma. ¿Qué tal si realizas un acto radical de amor y gentileza para ti en este aspecto de tu vida? ¿Podría ser algo como inscribirte en un sitio de citas por Internet, o tal vez

pasar más tiempo con tus amigas? ¿Qué tal si te amas lo suficiente como para ir cada semana al mercado local para comprar las frutas y vegetales frescos que te fascinan?

- Ilumínate. Trata de ver este aspecto de tu vida desde una perspectiva distinta. Mira el panorama de lo extraordinaria que eres en otras áreas. Motiva y celebra tu magnificencia.

Afirmación: "Amarme es lo más importante que puedo hacer... Y cada día me ilumino más y más."

Ser empático con uno mismo conduce a la motivación. Con la empatía, si cuidas de ti mismo, entonces puedes hacer lo que es verdaderamente saludable para ti, en lugar de lo contrario.

—DR. KRISTIN NEFF, autor y profesor
de desarrollo humano y cultura.

MENTIRAS ESTÚPIDAS SOBRE EL CUERPO Y EL CUIDADO PERSONAL

Annabella, mi hija, tiene tres años en este momento. Conservo su fotografía sobre mi escritorio porque en ella están capturadas toda su gloria y vivacidad. Hace poco Annabella comenzó a tomar clases de ballet, y a mí me maravilla la forma en que se mira a sí misma en el espejo cuando baila. La pequeña se ve en su tutú, llena de curiosidad; no emite ningún juicio ni tiene conciencia sobre sí misma, ni sobre cómo luce. Lo único que exuda es orgullo e inspiración. Cuando bajo la guardia, mi Arpía interior me molesta con este tipo de preguntas: "¿En qué momento menguará el amor por sí misma? ¿Cuándo comenzará a criticarse? ¿Para cuándo debo esperar que mi hija se mire al espejo con odio? ¿Cuándo dejará de sorprenderse y de ser curiosa, y comenzará a enlistar las cosas que quiere cambiar de sí misma?" Gulp.

Me muero porque llegue el día en que, como mujeres adultas, podamos mirarnos al espejo con el amor, amabilidad y respeto que lo hacen las niñas de tres años. El día en que dejemos atrás las duras críticas y podamos sentir empatía por nosotras mismas. Suena difícil, ¿verdad? Pero déjame decirte algo: tenemos mucho por superar. La industria de la publicidad ha generado miles de millones de dólares vendiéndonos la idea de que no valemos gran cosa, que no somos suficientemente jóvenes, hermosas, voluptuosas o bien formadas. Mírate al espejo y señala algo que no te guste de ti, y luego verás que hay una miríada de "soluciones" externas para tu problema.

Nuestro subconsciente recibe estas imágenes negativas de manera cotidiana. Los estudios demuestran que sólo ocho por ciento de las imágenes que consumimos se registra de manera consciente. Eso significa que el 92 por ciento de las imágenes de mujeres sometidas al *airbrush*, delgadas y de proporciones perfectas, se filtran a nuestro subconsciente e influyen en la manera en que nos sentimos respecto de nosotras mismas. Es una verdadera locura: todos estos cuerpos inconseguibles se nos presentan como un ideal al que debemos aspirar. En una ocasión, al ver sus fotografías tratadas con *airbrush* y Photoshop, Cindy Crawford, la supermodelo, dijo: "Ni siquiera *a mí* me agrada Cindy Crawford."

El trabajo que debemos realizar para recuperar la noción de cómo queremos ser, también tiene que ser consciente. Necesitamos sobreponernos a las grandes mentiras respecto a nuestro cuerpo y al cuidado personal. Tenemos que sintonizarnos con la Sabiduría interior a un nivel más profundo y practicar, practicar, practicar, para poder crear una relación saludable con nosotras mismas. Si no lo haces por tu propia felicidad, hazlo por todas las Annabellas del mundo. Nuestras niñas necesitan que nos convirtamos en faros de amor propio. Comencemos *ahora mismo*.

MENTIRA #14:

Soy demasiado _____
[gorda, delgada, fea, alta]

La verdad: No conozco a ninguna mujer que no desee cambiar su apariencia de alguna manera. ¿Y cómo no sentirnos así si prácticamente desde que nacemos bombardean a nuestro subconsciente con imágenes de seres perfectos que, supuestamente, son mujeres? De acuerdo con Jean Kilbourne, experta en medios, ¡el estadounidense promedio está expuesto a tres mil anuncios todos los días! Y casi todos esos anuncios nos dicen que no somos perfectos, y nos venden algo que nos hará lucir mejor, más jóvenes o más delgados. Reflexiona sobre esta información por unos minutos.

Así que, cuando te veas al espejo y descubras a tu Crítica interior flagelándote con palabras como "gorda", "fea" o "vieja", pregúntate: "¿Muy gorda comparada con quién? ¿Muy vieja comparada con qué imagen? ¿Demasiado fea comparada con cuál supermodelo (de esas que aparecen en imágenes a las que se les ha aplicado *airbrush* y Photoshop hasta la muerte)?"

Estas creencias te impiden estar en contacto con algunos aspectos; identifica cuáles son. ¿En realidad estás diciendo que te consideras demasiado gorda para ser amada? ¿Para atraer a un gran socio de negocios? ¿O que estás demasiado vieja para tratar de obtener el empleo de tus sueños? ¿Para aprender a esculpir? ¿Para encontrar al amor de tu vida? Piensa que este tipo de aseveraciones pueden impedirte avanzar de manera definitiva.

Desafío: Debido a que esta mentira es tan persistente, te voy a dar una dosis extra de amor en entrenamiento a través de preguntas muy fuertes y de las herramientas que se presentan a continuación. ¡Prepárate para el análisis, preciosa!

- En lo que se refiere a tu apariencia, ¿qué es lo que más criticas?
- ¿Qué es lo que tu Arpía interior cree que este "defecto" te impide obtener? ¿Una relación sentimental? ¿Un ascenso?
- ¿Qué tan verdadera es esa suposición? Es decir, ¿en verdad tu peso te impide encontrar pareja? ¿El tamaño de tu nariz se interpone entre tú y un cambio en tu vida profesional? Al responder, notarás que 99 por ciento del tiempo, lo que te impide conseguir lo que deseas no son las arrugas alrededor de tus ojos o el tamaño de tu cadera, ¡sino *tú misma*!
- Imagina por un minuto que esta característica física no te impide obtener lo que deseas. Profundiza en esta noción.
- Piensa en alguna persona que también sea demasiado gorda, vieja o lo que quiera que creas que eres, pero que tiene el éxito, amor o carrera que deseas. Digamos, por ejemplo, que crees que eres demasiado fea para encontrar el amor. Piensa en alguna persona que sea famosa por su "rostro gracioso", ¡pero que esté perdidamente enamorada y que haya encontrado a su media naranja! Piensa en tu querida amiga que ha sostenido una relación con su novio de secundaria desde que ambos tenían acné y eran los típicos adolescentes torpes.
- Finalmente, mírate de forma integral y llena los espacios: Soy demasiado _____ [escribe el rasgo negativo], y también soy _____ [escribe rasgos personales que adores y que sean ciertos]. Por ejemplo: "Soy demasiado mayor, y también

soy muy vigorosa; sé apoyar a otros y soy una consumada cinéfila." "Soy plana del pecho, y también soy adorable y divertida, sé jugar en equipo y ¡soy grandiosa en la cama!" "Soy demasiado fea, y también soy una madre y amiga maravillosa, y me gusta salir de excursión."

Afirmación: "Soy hermosa, sexy y fuerte, así, tal como soy."

Desear ser alguien más, es desperdiciar la persona que eres.

—ANÓNIMO

MENTIRA #15:

Cuidar de mi persona me hace egoísta.

La verdad: Cada vez que le damos prioridad a nuestro bienestar, podemos cuidar mejor de otros. Sé muy bien que resulta difícil encontrar tiempo para ver por nosotras mismas. ¡Vaya que lo sé!, pero es *imperativo* hacerlo para estar presentes y ser atentas con los demás. Al asumir la responsabilidad de cuidarte, te estás dando la oportunidad de ser una buena madre, amiga, pareja, hermana y/o compañera de trabajo. En una entrevista que le hice a Lisa Nichols, autora e increíblemente inspiradora conferencista, para el teleseminario de *Women Masters*, ella mencionó que debíamos dejar de brindar cosas a manos llenas. En lugar de eso, nos debemos llenar tanto nosotras mismas, que sólo tengamos que brindar aquello que se desborda de nuestro interior. (Si tú no lo has hecho, regístrate para recibir el paquete de herramientas gratuito para lectoras, ¡ahí mismo podrás leer la inspiradora entrevista de Lisa para *Women Masters*! Visita www.BigFatLiesTheBook. com).

Soy una madre que además trabaja fuera de casa, por lo que puedo hablar acerca de lo necesario que es cuidarse a sí misma y de lo difícil que puede ser encontrar el tiempo para hacerlo. Por experiencia sé lo vital que resulta darse tiempo para recargar energía y, así, ser la mejor madre posible. En los primeros meses después del nacimiento de mi hija, me fue increíblemente difícil asignar tiempo para consentirme. Tengo un esposo que me apoya, y mi familia cercana es sensacional, pero decidí amamantar a mi hija y, por tanto, era la única responsable de alimentarla cada cierto tiempo. Un mes después, estaba tan agotada que lloraba por cualquier insignificancia. Entonces comprendí que debía predicar con el ejemplo y tomar entre veinte y 30 minutos diarios *sólo para mí*. Ese tiempo podía usarlo para tomar un baño, salir a caminar con agradecimiento, o meditar. Me sorprendió mucho descubrir que dedicarme esos momentos, me hacía sentir muy egoísta pero, tras descansar y estar en contacto conmigo, también descubrí que tenía mucho por ofrecer.

Desafío: Avísales a tus seres queridos que, de ahora en adelante, cuidarte será tu prioridad. Haz una lista de las cosas que sabes que te hacen sentir más joven y te infunden energía (dar paseos por el bosque, darte baños prolongados, hacer ejercicio, escribir en tu diario, tocar el piano, practicar yoga, fabricar un álbum de recortes, coser edredones, tomar café con tus amigas, meditar, resolver un acertijo...), incluye cualquier actividad que te funcione. Después de eso, busca algo de tiempo (una hora a la semana, como mínimo, que respetarás de la misma manera que lo haces con las otras actividades registradas en tu agenda). Realiza todas tus tareas del día hasta llegar al tiempo asignado para ti misma. Aquí tienes más ejemplos de lo que puedes hacer:

- Cantar o escuchar tus canciones favoritas (guardadas en tu iPod) mientras haces ejercicio por una hora.
- Cocinar.
- Leer un libro muy bueno.
- Salir a la calle (a museos, al teatro, a pasear en los parques, a la playa).

Afirmación: "Me doy permiso de cuidar de mí misma antes que nada. ¡Que mi plenitud se desborde!"

Ámate primero a ti, y el resto de tu vida encontrará su lugar.

—LUCILLE BALL, comediante y actriz estadounidense.

MENTIRA #16:

Un día ganaré la batalla contra el sobrepeso.

La verdad: Querida, créeme cuando te digo que no hay nada qué ganar porque, sencillamente, no hay batalla. Lo único que existe eres tú y la relación que tienes con tu cuerpo, tu milagroso cuerpo. Él siempre encuentra la forma de respirar, moverse, bailar, reír, suspirar, tragar saliva, correr y arrastrarse, y ya es hora de que comiences a apreciarlo. Renuncia a la batalla y empieza a celebrar tu cuerpo *hoy*.

Si permitimos que la mentira del sobrepeso se intensifique, contribuimos a la noción de que estamos en una batalla de verdad. Piensa muy bien en lo que significa esta expresión, porque estar en una batalla implica violencia, odio y guerra. Saquemos esta expresión de nuestro repertorio, ¿qué te parece? Porque entre más nos involucramos en el mito de la batalla, más terminamos resistiéndonos a la liberación de esos kilos de más (claro, asumiendo que ése fuera el objetivo). ¿Crees que una zona de guerra es un lugar apropiado para plantar las semillas de la salud, el vigor y la sensualidad? ¡Yo tampoco! En lugar de eso debemos hacer la paz y aceptar a nuestros cuerpos tal como son ahora, en este momento y, desde la aceptación, la empatía y el amor, podremos encontrar el bienestar y la alegría de vivir.

Desafío: Muy bien, ¿estás lista?, ¿dispuesta?, ¿te atreves? Es momento de aplicar la aceptación radical de nosotras mismas:

- Desnuda, ponte de pie frente al espejo y menciona diez cosas que te encanten de ti. Hazlo por una semana. Sí, así es, diez cosas que adores. Pueden ir desde: "Un trasero maravilloso" a "El milagro de mi piel" o "El latido de mi corazón".

- Expresa tu gratitud por tu milagroso cuerpo, cuidando la forma en que hablas de él con otras personas y contigo misma. Deja de ser cruel, de quejarte, de ser sarcástica. Por ejemplo, cuando alguien te haga un cumplido, en lugar de rechazarlo con algo como: "¿En serio? Vaya, detesto cómo se ven mis muslos en estos pantalones", di: "Muchas gracias. ¡Hoy me siento muy bien!", o: "Gracias por notarlo. He estado caminando y me siento muy bien." Todas las mañanas, cuando estés lista, en lugar de quejarte por cómo se te ven los jeans, ponte un vestido lindo y divertido que te haga lucir despampanante.

Afirmación: "Mi cuerpo es un milagro y refleja a mi Yo divino."

*Mis brazos y mis piernas fueron fabricados con el toque
de este mundo de vida.*

—RABINDRANATH TAGORE, poeta, dramaturgo
y pintor bengalí.

AMY AHLERS

MENTIRA #17:

No debo pedir apoyo ni ayuda
si no estoy en crisis.

También puede aparecer como:

Pedir ayuda es señal de debilidad.

La verdad: Esta mentira prolifera, sobre todo, entre las madres y las mujeres que cuidan de otros. Tenemos la idea de que deberíamos ser capaces de encargarnos de todo; sin embargo, necesitamos ayuda y apoyo. Es correcto pedir ayuda cuando te está yendo bien. De hecho, es fundamental solicitar apoyo como parte de un programa *preventivo* de cuidados personales. Si te comprometes a hacerlo con frecuencia, *inspirarás* a otros a hacer lo mismo. Puedes ser un gran ejemplo, así que, ¡hazlo, preciosa, hazlo!

Desafío: Señala las áreas de tu vida en donde necesitas ayuda. Decide quiénes pueden formar tu equipo de apoyo; pregunta si desean participar, y di que pueden negarse en cualquier momento. Este acuerdo es fundamental, estás pidiendo que sean generosas contigo. Haz tu primera petición. Si se te complica realizar este ejercicio, quizá te agrada esperar a que surja una crisis para pedir ayuda. ¿Y cuál es el beneficio? ¿Me agrada sentirme al límite? ¿Me satisface recibir más atención? ¿Me gusta ser víctima? Si te agrada ser la víctima, regresa algunas páginas y trabaja el contenido de la "Mentira #6: Si no fuera por mí, nadie haría nada", haz lo mismo con la "Mentira #10: No hay nada que pueda hacer".

Afirmación: "Me encanta ayudar, ¡y también recibir ayuda!"

Enciende la luz de la bondad para ti misma.

—SARK, autora y artista estadounidense.

MENTIRA #18:

Si digo "No" le desagradaré a la gente.

También puede aparecer como:

Si digo "No" seré castigada. Decir "No" me convierte en una chica mala.

La verdad: Cada vez que dices "No", le estás enseñando a la gente a honrarte y respetarte. Además, estableces los límites que le permiten entender a otros lo que te funciona y lo que no. Es probable que encuentres a personas que no puedan lidiar con dichos límites, y si así sucede, entonces será momento de reflexionar sobre si esas relaciones valen la pena; si debes seguir adelante y abandonar la relación, o si lo mejor es enfocarte en los vínculos con quienes te respetan.

Si dices "Sí" cuando en querías decir "No", impides que la gente vea a la verdadera tú. Esto da lugar a un distanciamiento entre tú y tus seres amados, el cual te hará sentir muy infeliz y poco respetada.

Desafío: Manda a volar a la Chica buena y ponte el sombrero que dice "Cien por ciento yo". Hazle saber a los demás lo que realmente sientes; marca los límites, ¡y atrévete a decir "No"! Inicia el proceso con la gente más cercana. Diles que estás practicando el ser auténtica y que dejarás de decir "Sí"; pídeles que respeten tus decisiones. Para que te animes a empezar, usa el siguiente guión:

> Tú: Hola, _____ [Llena el espacio con el nombre de tu ser querido]. ¿Te has dado cuenta de que tenía el mal hábito de decir "Sí" cuando quería decir "No"?

Ser querido: De hecho, creo que sí.

Tú: Bien, pues he decidido que voy a empezar a marcar algunos límites diciendo "No". Comprendí que ceder siempre, me impide expresar lo que realmente siento, y termino haciendo cosas que no quiero y, como resultado, cada vez estoy más resentida. En pocas palabras: me oculto detrás de mis "Sí".

Ser querido: No lo sabía. Gracias por decírmelo, te entiendo bien.

Tú: Creo que necesitaré tu ayuda. ¿Crees que podrías apoyarme cuando deba decir "No"? ¿Apoyarme a marcar mis límites y ser más auténtica?

Ser querido: ¡Por supuesto! Estoy muy orgulloso de ti y me dará mucho gusto ayudarte. Eres una gran inspiración.

A quienes te amen les encantará saber que confías en ellos lo suficiente para permitirles participar, y te respetarán aún más por tomar la iniciativa. Cuando empieces a decir "No", verás que el respeto y el fuerte amor que sientes por ti, aumentarán en gran medida. Te lo garantizo.

Afirmación: "Puedo decir 'No' cuando lo desee, y la gente me seguirá amando de la misma forma."

Lo más agotador que hay en la vida, es no ser sincero.

—ANNE MORROW LINDBERGH, animadora
y autora estadounidense.

MENTIRA #19:

No tengo control sobre mi cuerpo, ni mi salud.

La verdad: De acuerdo con un estudio realizado recientemente por el National Institute of Health, 70 por ciento de las enfermedades están vinculadas con el estrés. La Organización Mundial de la Salud también advierte que la depresión, relacionada con este estado, sufre un incremento constante. Yo lo he repetido en muchas ocasiones: cuidar de ti misma se debe convertir en tu prioridad, y la salud es uno de los aspectos más importantes del cuidado personal. Al respecto, el American Institute of Stress, expresa:

El término "estrés" se utiliza en la actualidad pero fue acuñado por Hans Selye en 1936. Él lo definió como "la respuesta no específica del cuerpo a cualquier exigencia de cambio". Selye ya había notado, gracias a numerosos experimentos, que los animales de laboratorio que eran sometidos a diversos estímulos emocionales agudos (físicos y nocivos, como luz demasiado intensa, ruido ensordecedor, cambios extremos de temperatura, o frustración permanente), siempre mostraban el mismo tipo de cambios patológicos como úlceras en el estómago, disminución del tejido linfático, e incremento en el tamaño de las glándulas adrenales. Más tarde se demostró que el estrés permanente podía hacer que los animales desarrollaran distintas enfermedades, muy similares a las que se detectan en humanos, como ataques del corazón, insuficiencia renal y artritis reumatoide.

Así que si el estrés es lo que se produce cuando no respondemos a la exigencia de cambio, y nosotras vivimos en un mundo cambiante, entonces debemos encontrar la forma de lidiar con los problemas y permanecer tranquilas a pesar de las circunstancias, y de continuar atendiendo el cuidado personal. ¡Tenemos que encontrar algo de paz interior, querida!

Desafío: Haz un inventario de la salud en tu vida. El objetivo es que estés de acuerdo con todas las frases que se presentan a continuación. Si no es así, escucha cómo tu cuerpo te pide que cambies tus hábitos y que te comprometas a implementar un estilo de vida diferente desde ahora.

✓ Hago ejercicio, por lo menos, treinta minutos, tres veces por semana.
✓ No fumo.
✓ No bebo, o casi no.
✓ Uso antibióticos muy de vez en cuando, y sólo en caso de infección bacteriana, jamás para tratar virus.
✓ Diariamente tomo un multivitamínico.
✓ Todos los días bebo mucha agua.
✓ Como muchas frutas y verduras diariamente.
✓ Mi peso corporal es adecuado.
✓ Todos los días tomo aire fresco.
✓ Todos los días me pongo bloqueador solar.
✓ Suelo reírme con muchas ganas, por lo menos, una vez al día.
✓ Recibo por lo menos dos abrazos diarios.
✓ Diariamente uso por lo menos diez minutos para enfocarme en aspectos positivos (como mis anhelos, objetivos, intenciones).

Puede ser a través de la meditación, la visualización o la respiración profunda.

✓ Todos los días me conecto con mi Sabiduría interior y con mi Superestrella, particularmente antes de tomar decisiones importantes.

A medida que avances en el libro y comiences a ignorar la voz de tu Crítica interior, notarás una mejoría en tu salud...

Afirmación: "Estoy sana porque respondo bien al cambio. Soy adaptable y fuerte."

El cuerpo manifiesta lo que la mente oculta.

—JERRY AUGUSTINE, estadounidense,
jugador profesional de béisbol.

MENTIRA #20:

Tengo derecho a que otros se encarguen de mí.

La verdad: Gracias a la recesión y los descalabros de Wall Street, a los esfuerzos por atender desastres nacionales, y a Seguridad Social y el sistema de salud, los mensajes que recibimos se resumen en: "¡Deja de poner tu bienestar en las manos de otros!" Por supuesto que a nuestros políticos y a los directores ejecutivos de las grandes empresas les encanta decirnos que ellos pueden asegurar nuestro bienestar, nuestro futuro financiero y hasta nuestra salud, pero no es verdad. Incluso les daré el beneficio de la duda y diré que, la mayoría de ellos tiene buenas intenciones (es que no quiero ser demasiado cínica), pero el hecho es que el gobierno y las grandes empresas sencillamente no son capaces de satisfacer las necesidades de todos. La única persona que hará de tu bienestar su prioridad, eres tú, así que, por favor, recupera tu poder.

Desafío: Haz una lista de los aspectos en los que confías en que otros se hagan cargo de ti. ¿Estás invirtiendo en un plan de jubilación y esperas que quienes lo manejen decidan qué hacer con tu dinero? ¿Esperas que Seguridad Social cubra tus necesidades cuando te retires? ¿No te has encargado de conseguir un seguro de cobertura médica? ¿Confías en que las grandes cadenas de restaurantes se encarguen de tu nutrición? Ahora toma la decisión de encargarte de ti misma.

AMY AHLERS

Elige un aspecto diferente cada mes, ¡y aprende a recuperar tu poder a lo grande!

Afirmación: "Tengo poder. Yo me hago cargo de mí y de mi familia de una manera elegante y sencilla."

Los hombres se hacen fuertes cuando descubren que la mano que les ayudará, será la que empieza dónde termina su brazo.

—SIDNEY J. PHILLIPS, veterano de la
Segunda Guerra Mundial.

MENTIRAS ESTÚPIDAS
SOBRE
EL ÉXITO

*D*efinir lo que el éxito significa para ti, es de lo más importante que puedes hacer. Así que tómate un momento para responder las preguntas:

- ¿Qué significa éxito para ti?
- ¿Cuál es tu visión particular del éxito?
- ¿Cómo sabrás cuando hayas alcanzado el éxito?
- Imagina por un instante que te sientes cien por ciento exitosa. ¿Cómo sería tu vida? ¿Viajarías por todo el mundo? ¿Trabajarías con otras mujeres en Darfur? ¿Pasarías tiempo con tu familia? ¿Cocinarías todo el día? De verdad trata de entender lo que para ti significa tener una vida exitosa.

La mayoría de mis clientes descubre que el éxito tiene muy poco que ver con el dinero o con ser célebre, y que, más bien, se relaciona con la felicidad y con sentirse pleno. A nuestra Crítica interior le encanta mantenernos corriendo en una especie de rueda de hámster que propone cierta definición del éxito. Ésta, a su vez, nos obliga a trabajar con más y más ahínco, sin llevarnos a ningún lugar, y haciéndonos ignorar el gozo de estar vivas. Quiero que tengas una noción fuerte de lo que tiene verdadero valor en tu vida; que identifiques muy bien lo que la felicidad y el éxito significan para ti. La siguiente parábola ilustra mi idea de una manera muy precisa.

El pescador y el banquero

Un banquero estadounidense, especialista en inversiones, estaba en un muelle, en un pueblito mexicano de la costa. De pronto, apareció un pequeño bote en donde viajaba un pescador solitario, y dentro de la embarcación había varios atunes aleta amarilla. El estadounidense felicitó al mexicano por la calidad del pescado, y le preguntó cuánto tiempo le había tomado pescarlos.

El pescador respondió. "Sólo un rato."

Entonces el banquero estadounidense le preguntó por qué no había permanecido más tiempo en altamar para pescar más.

El pescador le explicó que ya tenía suficiente para cubrir las necesidades inmediatas de su familia.

El banquero preguntó: "¿Entonces, qué haces con el tiempo que te queda libre?"

El pescador le respondió: "Duermo hasta tarde, juego con mis hijos, tomo una siesta con María, mi mujer, y todas las tardes paseo por el pueblo, en donde bebo un poco de vino y toco la guitarra con mis amigos. Mi vida es muy plena y siempre estoy muy ocupado."

El banquero se burló y dijo: "Yo tengo una maestría de Harvard; creo que podría ayudarte. Deberías pasar más tiempo pescando, ya que, si tuvieras mayores ganancias, podrías comprar un bote más grande. Luego, con lo que ganaras con ese bote, podrías adquirir varios botes más… al final tendrías toda una flota. En lugar de venderle a cualquier persona, podrías hacerlo directamente a quienes procesan el producto, lo cual te ayudaría a abrir tu propia empacadora más adelante. Así adquirirías control sobre el producto, su procesamiento y distribución. Después tendrías que irte de este pueblo de pescadores y viajar a la ciudad de México, luego a Los Ángeles y, finalmente, a Nueva York, en donde dirigirías tu próspera empresa".

"Pero, ¿cuánto tiempo tomaría todo eso?", preguntó el pescador.

El estadounidense le respondió: "Entre quince y veinte años."

"¿Y luego, qué?", cuestionó el pescador.

El estadounidense se rió y dijo: "Eso es lo mejor, porque cuando llegue el momento indicado, podrás anunciar una oferta pública inicial y vender las acciones de tu compañía al público. Entonces serías un hombre muy adinerado y generarías millones."

"Millones… Y luego, ¿qué?", volvió a cuestionar el pescador.

El empresario contestó: "Entonces podrías retirarte. Mudarte a un pequeño pueblo de pescadores en donde dormirías hasta tarde, pescarías un poco, jugarías con tus hijos, tomarías una siesta con tu mujer y, por las tardes, pasearías por el centro, en donde beberías algo de vino y tocarías la guitarra con tus amigos."

Siempre nos han contado grandes mentiras acerca del éxito. Vamos a analizarlas, una por una, y tratemos de encontrarles la lógica.

MENTIRA #21:

Estoy abrumada.

La verdad: Cada vez que escucho a la gente decir esta mentira, sospecho que, en el fondo, hay algo más. Cuando decimos que estamos abrumados, la mayor parte del tiempo se debe a que, en realidad, estamos aburridos. Nos sentimos así cuando nuestra vida está repleta de actividades y tareas que nos parecen vacías, cuando hacemos algo que no valoramos, o cuando se rompe el vínculo con la inspiración y los anhelos. En otras palabras, todo aquello que no nos parece lógico o que carece de sentido, sencillamente nos aburre. ¡Y es espantoso!

Cuando tu Arpía interior mira alrededor y descubre una agenda llena de tareas tediosas y aburridas que no tienen nada que ver con la inspiración y la pasión, te convence de que estás cansada, de que no eres la persona adecuada y de que no te esfuerzas lo suficiente. Entonces tú crees que el problema radica en la organización o que necesitas más energía y tiempo, sin embargo, tu Sabiduría sabe que puedes desafiarte a tomar decisiones que de verdad son emocionantes. ¿Cuándo fue la última vez que conociste a alguien que de verdad estaba viviendo tu sueño, pero te dijo: "Estoy abrumada (o abrumado)"? Seguramente lo que te dijo fue: "Jamás había estado tan ocupada, ¡pero me siento llena de energía!"

Te voy a hablar de Sue, madre de dos niños pequeños, y propietaria de un negocio en casa que ella misma fundó en medio de un estado constante de tensión. Su horario era una locura y a ella le daba la impresión de que apenas tenía tiempo para comer o dormir. Esta madre trabajadora siempre daba la impresión de que se desmoronaría en cuanto volara la mosca, pero después de varios meses de entrenamiento, llegamos al fondo del problema: a Sue le desagradaba cerca del 75 por ciento de las tareas que se requerían para que un negocio en casa tuviera éxito. Estaba aburrida porque había perdido los vínculos con su pasión y el objetivo de su vida. Pero en cuanto estuvo dispuesta a ser honesta, su espíritu comenzó a elevarse.

Analizamos varias opciones que iban más de acuerdo con sus intereses, y Sue decidió cambiar de carrera. A pesar de que durante la transición tuvo que trabajar más horas, su pasión le infundió vigor, y comenzó a sentirse muy entusiasmada por trabajar (¡imagínate!). Esta sensación de estar bien vinculada logró aniquilar a la sensación de cansancio y le permitió sentirse llena de alegría. Asimismo, tuvo mucho más éxito en todos los otros aspectos de su vida. Su Crítica interior, a quien ella llamaba "La amargada Olga", dejó de ser una bravucona que la dominaba, y se tornó en una ligera molestia que sólo le susurraba de vez en cuando a Sue en su tiempo libre.

Desafío: No es necesario que cambies por completo de giro profesional para sentirte menos abrumada. Mejor aplica el sistema: "Elegir, Ignorar o Delegar", para que puedas tener una vida más inspirada y llena de energía. Comienza por hacer una lista de todas las actividades semanales o mensuales que te abruman. Luego, sepáralas en tres categorías: Elegir, Ignorar y Delegar.

- *Elegir:* Estas actividades son las que te harán sentir satisfecha —las que te gusta realizar con entusiasmo y ganas. A este estado mental lo denominaremos "Estado de elección".

- *Ignorar:* Se refiere a las actividades que realizas pero que no necesitarías hacer —las que te desagradan y estás dispuesta a abandonar por completo.
- *Delegar:* Estas actividades son las que te desagradan y puedes encargarle a alguien más.

Por ejemplo, es posible que tu lista mensual incluya las siguientes tareas:

- Llevar a tus hijos a su clase mensual de arte — Elegir. Te encanta ver a tus hijos en clase, por lo que tomas la decisión de estar presente al cien por ciento mientras ellos crean sus obras maestras.
- Poner al día tu chequera y pagar las facturas pendientes — Elegir. A pesar de que esta tarea no te entusiasma en absoluto, tampoco quieres que tu pareja lo haga (¡los números no son su fuerte!), y tampoco tienes dinero para contratar a un contador. Reconoces que de verdad te interesa tener tu dinero en orden, e inspirada por lo que vas a ganar, decides dejar de sentirte como víctima, y enfrentas esta tarea con una sensación de poder y claridad. Ahora todo queda "a tu elección".
- Hacerte manicura — Ignorar. Aceptas que, la verdad, no te fascina que te arreglen las uñas. Te toma media hora llegar al salón y los resultados no son duraderos. Te agradan los detalles pero también pasarla bien. Éste puede ser un lujo que te está costando energía en este momento. Decides sacar esta actividad de tu lista por el momento.
- Aspirar y sacudir tu casa una vez al mes — Delegar. Hacerlo por ti misma resulta un fuerte gasto de tiempo y te quita la energía que necesitas para otras actividades más importantes. Decides contratar a una persona para que lo haga, o delegar la labor a tu pareja.

Afirmación: "Yo elijo cómo usar mis días y mi vida. Me siento en equilibrio, conectada y llena de energía."

La forma en que aprovechamos nuestros días, es la misma
en que aprovechamos nuestra vida.

—ANNIE DILLARD, autora estadounidense,
ganadora del Premio Pulitzer.

MENTIRA #22:

Soy un fracaso.

La verdad: Los seres humanos fracasan. De hecho nos la pasamos fracasando todo el tiempo. Winston Churchill lo explicó de una manera muy lúcida cuando dijo: "Éxito es ir saltando de fracaso en fracaso sin perder el entusiasmo."

El problema es que, cuando fallamos, solemos creer que nos convertimos en un *fracaso*, cuando en realidad, sólo vivimos el fracaso de manera temporal, y eso es todo. Cada fracaso nos brinda la oportunidad de reflexionar, crecer, madurar y ser más sabios porque, después de todo, no importa cuán exitoso seas, el fracaso es parte de la vida. Analiza los siguientes datos:

- Babe Ruth tuvo 1,330 *strikes* en su carrera.
- En algún momento, Donald Trump acumuló una deuda personal de 900 millones de dólares, así como cuatro años consecutivos de fracasos y ruina financiera.
- *Beloved*, la película de Oprah Winfrey, fue un fracaso de taquilla, y le hizo perder aproximadamente 30 millones de dólares.

A pesar de todo, las historias anteriores casi no las recordamos y, de hecho, prácticamente no les prestamos atención en su momento, ¿no es verdad? Lo cierto es que el camino al éxito está lleno de fracasos, y lo que tenemos que hacer para triunfar no es eludir los problemas, sino procesar nuestros errores de manera efectiva.

Desafío: Haz una lista de todos los fracasos que tuviste el año pasado. Junto a cada uno, escribe de qué manera te ayudó a crecer. Es decir, ¿qué aprendiste acerca de ti misma y de la vida? Asegúrate de redactar la idea de una forma positiva, por ejemplo, en lugar de decir: "Aprendí que soy pésima para llevar la contabilidad", trata de enunciarlo así: "Aprendí que delegar es la clave para mi éxito."

Ahora fíjate bien, ¿reprobar algún examen de especialización te ayudó a entender mejor la manera en que debes estudiar? ¿Fracasar en tu matrimonio te permitió aprender a ser fuerte y a amarte sobre todas las cosas? ¿Calcular mal el presupuesto de un proyecto te enseñó a negociar mejor? Transforma tus fracasos en aprendizaje y oportunidades de crecimiento y, de esa forma, las grandes mentiras se irán desvaneciendo.

Afirmación: "Igual que toda la gente exitosa, voy saltando de fracaso en fracaso sin perder el entusiasmo, y así aprendo más y más en cada ocasión."

Puedes comenzar de nuevo en cualquier momento porque,
esto a lo que llamamos "fracaso", no se refiere a caer,
sino a permanecer tirado.

—MARY PICKFORD, actriz y cofundadora, canadiense-estadounidense, de United Artists Film Studio.

MENTIRA #23:

Si continúo corriendo, lograré ponerme al día.

La verdad: Jamás vamos a *lograrlo*. En cuanto tachamos un punto en nuestra lista de asuntos pendientes, aparece otro. ¿Necesitas pruebas? Vacía tu bandeja de correos electrónicos y respira aliviada. En menos de cinco minutos llegará otro.

Lo único constante en la vida es el cambio: es en lo único que podemos confiar. La noción de que algún día en verdad lograremos acabar con todos los pendientes, es ridícula. Lo que debemos hacer es enfocarnos en el viaje y en la alegría de estar vivas.

Continuamente trato de recordar —y de recordarles a mis clientes, también—, que la vida es como una interminable lista de pendientes. Siempre habrá algo más qué hacer y, por ello, necesitas centrarte en lo que *deseas* hacer. Entonces puedes entregarte a esa labor y comenzar a disfrutar la travesía. Porque la idea de que apresurarse sirve de algo, es mentira. Aminora la marcha, respira hondo, ¡y tómate el tiempo necesario para oler las rosas!

Desafío: Reconocer que la vida implica una interminable lista de asuntos pendientes, nos permite entender que la alegría cotidiana proviene de adoptar una estructura mental positiva en relación con lo que nunca terminamos de hacer. Recupera tu poder estableciendo la posición que tendrás respecto a lo que no logres completar. También recuerda que sentirse apresurada, excesivamente ocupada y estresada, es una *decisión*.

¿Qué perspectiva estás dispuesta a adoptar durante los siguientes 30 días en cuanto a lo ocupada que es tu vida y a tu interminable lista de pendientes? Llena el espacio con un adverbio positivo al que aspires: Estoy _____ ocupada. Por ejemplo: "Estoy felizmente ocupada"; "Estoy agradablemente ocupada"; "Estoy mágicamente ocupada". Comprométete a que, lo que elijas, defina el nuevo contexto de tus ocupaciones y tus pendientes, y ve reuniendo evidencias de que así es. Por ejemplo, si elegiste decir: "Estoy mágicamente ocupada", entonces enfócate en detectar la manera en que la magia se presenta en tu vida. ¿Tu amada pareja llegó a casa con comida para llevar, una noche en que tú realmente no deseabas cocinar? ¿Como por arte de magia recibiste una extensión para la entrega de un trabajo que te tenía muy estresada? ¿Llegó tu hijo o hija a casa y te avisó que la colecta de fondos había sido reprogramada para una fecha que te quedaba mejor? Entonces, ¡celebra la magia de tu nueva perspectiva!

Afirmación: ¡Usa tu nueva manera de describir "ocupada" como Declaración!

A pesar de lo ocupado que siempre digo que estoy, ¡mi empleo es el mejor empleo del mundo!

—PETER CRISS, estrella de rock estadounidense, baterista de KISS.

MENTIRA #24:

Se supone que debería estar mucho más adelantada.

También puede aparecer como:

Siempre estoy en el lugar equivocado, en el momento incorrecto.

La verdad: Siempre te encuentras en el lugar correcto, en el momento indicado. No existe otra versión de ti teniendo una experiencia perfecta —lo único que existe eres *tú* en este momento, viviendo lo que te está pasando ahora. Así que, ¿por qué insistir en creer que tu experiencia es "incorrecta"?

Ahora bien, tampoco me malinterpretes; todas tenemos momentos terribles, así como experiencias que nos hacen sentir tentadas a culpar al tiempo y al lugar. No obstante, al mirar de manera retrospectiva aquellos oscuros momentos, comprendemos la razón por la que necesitábamos vivirlos en ese instante preciso. Era necesario madurar antes de sacar a la superficie nuevos anhelos y vivencias.

Tú tienes la libertad de asignarle el significado a tu vida; eres la creadora de su lógica. Sin esas lúgubres experiencias seguramente no podrías apreciar los momentos de gozo de la misma manera. Los tiempos oscuros te fortalecen, te dan carácter y profundidad.

Ahora deshazte de estigmas como "incorrecto" o "equivocado", y acepta que tus experiencias fueron las "precisas". ¿Para qué pasar más tiempo preocupándote por el sitio en que te encuentras, en lugar de apreciarlo? Agradece las lecciones anteriores y enfoca tu atención en el presente.

El otro día entrené a una clienta que estaba permitiendo que su Arpía interior la torturara con la idea de que debería estar más adelantada en la vida. Marie se sentía como un completo fracaso, y pensaba que debería tener una mejor carrera y estar produciendo más dinero. Su Crítica interior le gritaba cosas como: "Tienes casi cincuenta años; tu vida debería ser infinitamente *mejor* que esto." ¡Y vaya! ¿Acaso no hemos escuchado todas a esa voz hablar en nuestra cabeza? ¡La Arpía puede llegar a ser muy *desconsiderada* en verdad!

No obstante, en cuanto Marie respiró hondo y sintonizó con su Sabiduría interior, vio lo mucho que había logrado hasta entonces.

- Identificó que su divorcio había sido una enseñanza que la fortaleció y le ayudó a construir a la hermosa y vibrante mujer que es hoy en día.
- Detectó que el hecho de aminorar la marcha en su carrera le había permitido pasar más tiempo con sus hijos, quienes son la gran alegría de su vida.
- Comprendió que estaba precisamente en el lugar que debía, y llegó a decir que, por fin sentía que podía respirar de nuevo. Que al dejar atrás aquella creencia ridícula, de pronto se sintió liberada y llena de vigor.
- Aceptó que se encontraba en el lugar y el tiempo indicados. Que siempre fue, y seguirá siendo así.

Marie logró ver el panorama general de su vida y expresar gratitud por *todas* sus experiencias.

Desafío: ¡Deshazte de todos los aparatos de medición y las reglas! Define bien en dónde deberías estar, con ayuda de las siguientes preguntas:

- Imagina tu vida como era hace diez años. ¿En dónde sentías que debías estar entonces?

- ¿Qué es lo que tu Yo actual le tiene que decir a tu Yo del pasado?
- ¿Cuánto más crees que te habría gustado apreciar el lugar en donde te encontrabas hace diez años (y lo fabulosa que lucías)?
- Ahora imagínate diez años en el futuro, mirando hacia atrás, a donde te encuentras ahora. ¿Qué es lo que tu Yo del futuro te tiene que decir? ¿Qué es lo que le gustaría que apreciaras más ahora?

Afirmación: "Siempre me encuentro en el lugar y el tiempo correctos."

Un día, en retrospectiva, los años de lucha
te parecerán los más bellos.

—SIGMUND FREUD, Neurólogo austriaco,
creador del psicoanálisis.

MENTIRA #25:

La única manera en que lograré algo, será trabajando sin descanso.

La verdad: Las dificultades no son un prerrequisito para alcanzar el éxito. El trabajo duro puede ayudarte a lograr objetivos, pero también las acciones llevadas a cabo con inspiración y calma. Aunque el éxito puede requerir disciplina y enfoque, no se basa en una cantidad definida de incomodidad o dolor. Para ser honesta, creo que si sientes que estás trabajando como loca y siempre contra corriente, lo más probable es que sea señal de que vas en la dirección equivocada.

En serio, ¿no has notado que cuando estás inspirada, el trabajo no se siente como una carga en absoluto? Cuando tus creencias coinciden con tus anhelos, sientes que el trabajo vale la pena y es divertido. Es como si una barca te llevara por la corriente mientras navegas por el río hacia tu inspirado destino. Y, vaya, en lo que se refiere a los resultados, el trabajo lleno de ánimo hace una gran diferencia.

Jamás olvidaré a una clienta que era actriz y se llamaba Jessica. Ella deseaba con desesperación encontrar un buen agente, pero conseguir a uno excelente en Los Ángeles, no es tarea fácil, en especial si, en lugar de actuar con inspiración, prefieres tomar el camino difícil. En aquel entonces lo más común para conseguir un agente consistía en que los actores les enviaran por correo su portafolio de fotografías y su currículum. Pero para hacer eso tenían que invertir demasiado tiempo, dinero y esfuerzo. Luego los actores esperaban con ansiedad la llamada telefónica de un agente diciéndoles: "Muy bien, me gustaría conocerte y, tal vez, te represente." ¡Por Dios! ¡Me siento agotada de sólo pensarlo! Por desgracia, el 90 por ciento del tiempo no llegaba ninguna llamada, y los sobres terminaban en un altero que tenía el agente en su oficina, en el cesto de la basura o en la pila de los sobres que nunca se abrirán. Jessica creía que para conseguir un agente, tendría que realizar todo ese trabajo que, tal vez, ni siquiera le conseguiría una cita. Al final le dije: "Como tu entrenadora, ¡te prohíbo que lo hagas!" Le pregunté qué tenía ganas de hacer con su inspiración, y la respuesta de su Sabiduría interna, fue: "Me gustaría dar clases de acondicionamiento físico y participar en una obra de teatro." Eso fue justamente lo que hizo, ¿y adivina qué?, un agente al que adoraba terminó tomando clases con ella, luego la vio en la obra, ¡y le pidió que fuera su clienta! ¿Qué tal? ¿Acaso no te parece que el trabajo inspirado ofrece excelentes resultados?

Por supuesto, Jessica tuvo que trabajar para ganarse al agente. También trabajó para propiciar su exitosa clase de acondicionamiento. Sin embargo, a toda esa labor la sustentaban la alegría y un objetivo claro. El trabajo que conlleva este tipo de energía siempre termina atrayendo y creando vínculos y resultados positivos. Muy a menudo los grandes resultados provienen de sentirse bien en primer lugar.

Desafío: Para dejar de creer en esta mentira, contesta las siguientes preguntas acerca de una situación en la que estés trabajando demasiado, y sin obtener resultados:

- ¿Es verdad que el trabajo duro siempre tiene una recompensa en esta situación? Es decir, si para encontrar una pareja te esfuerzas demasiado y tienes que estar recorriendo montones de sitios de Internet para citas, ¿crees que los resultados están garantizados?
- ¿Puedes pensar en alguien que haya tenido éxito gracias a una sorprendente coincidencia o a un golpe de buena suerte? ¿Alguien

como Jessica? Si fue posible para esa persona, también lo es para ti.

- Permite que tu imaginación se vuelva loca, y ve creando tu propia historia de cambio de suerte. Diviértete al imaginar todos los sorprendentes detalles, de principio a fin. Por ejemplo: "Decidí ir a esquiar para distraerme de todo este asunto de conseguir pareja por Internet. Y mientras estoy feliz subiendo y bajando por las laderas, me encuentro a una encantadora e inteligente niña de once años. Le doy algunos consejos para que mejore su posición, y luego resulta que su padre, además de soltero, es brillante, divertido, sincero y… perfecto para mí. Para colmo, me adora desde el primer momento. ¡Seis meses después nos casamos en la zona de práctica de esquí para principiantes!

Afirmación: "Hasta mi trabajo se siente como un juego porque obedezco a mi inspiración."

Cuando sientas que nadas contra la corriente.
sólo da la vuelta y flota.

—TERRI COLE, psicoterapeuta estadounidense,
entrenadora de vida, autora y oradora motivacional.

MENTIRA #26:

Enfocarme en mis problemas me ayudará a resolverlos.

La verdad: Cualquier cosa en la que nos enfoquemos, crecerá. ¿No has notado este fenómeno? Enfócate en todo objeto de color azul que te rodea. Mira alrededor y observa bien. Decide que el azul ahora es importante y observa mientras tu mente (el sistema reticular activador de tu cerebro, para ser más exactos), pone todo lo azul en tu campo de visión. ¡Es como si el azul de la habitación creciera!

Así que, si tienes un desafío o problema que ya estás lista para resolver, deja de enfocarte en él y empieza a hacerlo en la solución. Luego observa cómo se multiplican las posibilidades. Es muy sencillo caer en la trampa de ponerles tanta atención a los desafíos de la vida, que eso nos impide ver cualquier otra cosa. Por eso es muy importante tener claridad, y enfocarte en lo que quieres, no en las adversidades.

Rebecca era una atractiva vendedora que llegó a mí, abrumada por sus problemas financieros. Se encontraba en medio de una verdadera crisis: sus acreedores la llamaban todo el tiempo, y prácticamente ya le habían embargado el coche. ¡Vaya desafío! Para Rebecca era demasiado difícil *no* enfocarse en sus dificultades económicas, en particular porque le llovían todo el tiempo. Le pedí que tratara de ver el panorama general de su vida, y a partir de esa visión externa, pudo analizar el patrón de su irresponsabilidad en el aspecto financiero: no sólo de qué manera empezó, sino también cómo podía resolverlo. Rebecca se comprometió a arreglar sus problemas económicos inscribiéndose en un programa de consolidación de deuda y mudándose a una casa. Estas acciones le permitieron tener un poco de liquidez y empezar a salir de la trampa en que había caído. En tres años se liberó de la deuda y, desde entonces, ¡no ha vuelto a mirar atrás! Pero todo comenzó enfocándose en las soluciones y permitiendo que florecieran.

Desafío: Haz una lista de tres desafíos a los que te estés enfrentando. Ahora imagina que te encuentras en un helicóptero que se cierne en lo alto, muy por encima de tus problemas. Obsérvalos y mira cómo empiezan a desvanecerse hasta convertirse en tan sólo unos puntos en la tierra. Fíjate que estás en un lugar privilegiado. Ahora mira hacia dónde te diriges. Enfócate en la tierra de las soluciones, de los anhelos. Ahora vuelve a mirar tu lista de desafíos. Escribe por lo menos dos soluciones posibles para cada una de tus dificultades y comprométete a enfocarte en lo que deseas, en lugar de en el problema mismo.

Afirmación: "¡Veo cómo se multiplican las soluciones, de la misma manera que lo hace el color azul en la habitación!"

Los problemas no pueden resolverse con la misma actitud mental que teníamos cuando los propiciamos.

—ALBERT EINSTEIN, físico alemán.

MENTIRA #27:

Lo intentaré.

La verdad: Intentarlo no es suficiente; tienes que comprometerte y hacerlo. Cada vez que escucho a mis clientes usar la palabra *intentar*, lloro porque sé que, con ella, en realidad están tratando de zafarse del compromiso.

Aquí te presento un breve examen que te puede ayudar a descubrir cuán comprometida estás. Paul, miembro de uno de mis equipos de entrenamiento, no podía terminar de escribir el primer borrador de su libro. Semana tras semana llegaba a la sesión de entrenamiento sin poder respetar su fecha de entrega. Decidí retarlo al final de una reunión, por lo que le pregunté a qué estaba dispuesto a comprometerse. Me contestó que planeaba terminar el primer borrador antes de la siguiente reunión del grupo. Entonces le pregunté si estaba dispuesto a donar 150 dólares a una organización política *diametralmente opuesta* a sus ideas, si llegaba a la siguiente reunión sin cumplir su compromiso. Discutió un poco conmigo y dijo que jamás le daría dinero a una organización en la que no creyera. ¡Genial! Al menos se dio cuenta de lo poco comprometido que estaba a terminar su libro. Para cuando terminó la sesión, Paul aceptó el desafío y, por supuesto, la siguiente vez que lo vimos, se presentó sin haber completado el primer borrador.

Desafío: La próxima vez que te escuches a ti misma decir: "Lo intentaré", usa las siguientes preguntas para detectar a qué no te estás comprometiendo:

1. ¿De verdad quieres comprometerte? Haz una pausa y pregúntate si el compromiso es equiparable a tus anhelos.

2. ¿Te estás preparando para el fracaso? A veces sólo usamos la frase: "Lo intentaré" para boicotearnos y así perpetuar la historia de que somos perdedoras. ¡Qué feo!

3. ¿Te estás comprometiendo por obligación? Escucha, yo soy madre y sé bien que a veces sucede esto. Piensa en esas colectas de caridad y citas para jugar. Yo he tenido que definir con mucha claridad los compromisos que hago para que mi palabra tenga valor, tanto para mí como para los demás. Puedo decir: "Sí, acepto", o "No, no en esta ocasión". Hago eso en lugar de jugar el juego de: "Bien, lo intentaré." ¡Únete a mí en esta revolución en la que siempre diremos la verdad!

4. ¿A qué te quieres comprometer? Tal vez no puedas dirigir el comité, pero sí te gustaría ayudar en el gran evento. Define bien qué estás dispuesta a hacer.

5. Ahora analiza y comprométete con algo que realmente deseas. Dicho de otra forma, vas a dejar atrás el: "Lo intentaré" para unirte al: "Me comprometo." ¿Acaso no te sientes mejor?

6. Finalmente, ponte a prueba. ¿Estás dispuesta a comer el alimento que más te desagrada si no cumples? ¿Donarías dinero a una causa en la que no crees? Si no, entonces vuelve a la pregunta 5 y revisa tu compromiso hasta que pases la prueba.

Afirmación: Escribe tu Declaración aquí, usando alguna de las frases de compromiso que usaste anteriormente.

No intentes: haz... o no. Los intentos no existen.

—YODA, maestro jedi intergaláctico,
de *La guerra de las galaxias.*

MENTIRA #28:

Si me doy permiso de celebrar, sufriré un tropezón.

También puede aparecer como:

Si me va demasiado bien, algo malo sucederá tarde o temprano.

La verdad: Si te impides celebrar, te estarás robando el gozo a ti misma. Creer que mucha felicidad o demasiadas cosas buenas en la vida significa que tarde o temprano todo será en un desastre, es un tipo de pensamiento muy retorcido. Es como tener un operativo policial que te amedrenta todo el tiempo desde tu mente.

Yo siempre me río cuando la gente dice que "trata de no emocionarse demasiado" por algo, o cosas como: "No sé si debería contarte, porque no quiero echarme la sal." ¡Emociónate! ¡Celebra tus éxitos, e incluso tan sólo la posibilidad de tenerlos! Hazlo tan sólo por el *gozo* de celebrar el momento. ¿Por qué no? ¡En realidad no tienes nada que perder! Aun cuando las cosas no salgan como lo esperabas, ¿no preferirías haber sido feliz que nunca haber celebrado?

Y cuando alcances el nivel de felicidad y éxito que te consume, por favor, por el amor de Dios (y sí, de verdad, Dios/el universo/la fuente de energía en que crees, quieren que seas feliz), ¡celébralo! Porque negar la alegría es una blasfemia. Tienes, desde que naciste, derecho a ser feliz. Así que inspira a otros con tu gozo, sé el rayo de luz y el salvador del mundo en todo momento. ¡Lo mereces!

Fijémonos en los niños de dos años. Recuerdo que cuando mi hija tenía esa edad, *lo celebraba todo*. Eso es algo de lo que más me gusta de ser la madre de Annabella. ¿Bebes una malteada? Aplaude con gran alegría. ¿Subiste sola toda la escalera? Entonces grita: "¡Lo hice!" ¿Te fue a visitar una amiga para jugar? ¡Corre por todos lados bailando como loca! ¿Acaso no podríamos todos celebrar más? ¿No es maravilloso cuando aceptamos nuestros logros? Sigamos el consejo de Annabella y empecemos a notar más nuestros éxitos, y a sentirnos *orgullosos* de ellos. ¡Libera tu alegría!

Desafío: Haz una lista de todo lo que aún no has celebrado. ¿Se vislumbra un posible ascenso en tu trabajo? Entonces súbete a la ola de la alegría desde *ahora*, ¡para divertirte! ¿Apareció un nuevo galán que podría ser "el elegido"? ¿Por qué no celebrarlo como si ya hubiera sucedido, tan sólo por el mero gusto? Encuentra la manera de celebrar de manera formal, tanto los éxitos en potencia como los logros que ya se materializaron. Haz que esas ocasiones sean especiales: sal a cenar, presúmele a tu mamá, envíate flores o, simplemente, date un baño de burbujas. ¡La vida es demasiado corta para no celebrar!

Ahora vamos a concretar con el siguiente ejercicio:

* Piensa en alguna ocasión en que realmente sentiste que estabas en la cima del mundo; en una experiencia límite o un día que te permitiste celebrar la alegría del momento.
* Mientras realizas una descripción detallada en tu mente de ese recuerdo, observa y pregúntate: ¿Qué sentías respecto al futuro en ese momento? ¿Cierta disposición para conquistar el mundo? ¿Una gozosa sensación de oportunidad? ¿Que todo estaba bien en la vida? La mayoría de la gente señala que, en sus recuerdos más destacados, se sentía llena de felicidad, energía y emoción respecto al futuro. Digámoslo de esta manera: jamás he visto a una persona que se casa, recibe una medalla olímpica o recibe una ovación de pie, lucir preocupada porque algo pueda salir mal más adelante, ¿tú sí?

- Date cuenta de que cuando te permites celebrar el gozo a un nivel importante, entonces produces más gozo todavía.

Afirmación: "Yo celebro, incluso, el más ligero indicio de buenas noticias, ¡porque sé que la alegría multiplica la alegría!"

No hay nada tan contagioso como el entusiasmo: mueve montañas, y apacigua a los tontos. El entusiasmo es la esencia de la sinceridad y ninguna verdad tiene victorias sin él.

—EDWARD BULWER-LYTTON, político y dramaturgo inglés.

MENTIRA #29:

Tengo que rendir cuentas.

La verdad: ¿Y qué tal si pudieras agradecer todo lo que tienes en la vida sin sentir la presión de rendir cuentas? ¿Qué tal si tuvieras derecho a disfrutar de todo lo que tu corazón desea? Sé que puede sonar irreverente, pero la verdad es que no hay nada que demostrar, y aquellos que te dicen lo contrario, por lo general se refieren al camino que ellos mismos decidieron recorrer. Tú puedes ser uno de los afortunados y que en tu vida haya sucesos mágicos. ¿No te parece delicioso?

Siena pensaba que tenía que rendir cuentas de lo que le correspondía y subir pisando un escalón a la vez. Creía que dar saltos era como hacer trampa porque, después de todo, venía de una familia sencilla que le había inculcado la sólida ética del trabajo duro. Su educación le había permitido tener logros, pero el problema era que ella no era feliz y quería dejar de ser una abogada en un bufete importante, en donde iba ascendiendo lentamente gracias a su arduo trabajo, y, más bien, deseaba abrir su propio bufete junto con un colega en quien confiaba, y que había conseguido un importante cliente que les facilitaría el camino. En ese momento la Crítica interior de Siena salió de inmediato para decirle que antes tenía que rendirle cuentas al despacho y que, definitivamente, no estaba preparada para aquella oportunidad. Participar en un trato así, era demasiada suerte, demasiada buena vibra, demasiada magia.

Como entrenadora de Siena, yo sabía que mi misión era sacarle de la cabeza la mentira: "Tengo que rendir cuentas", para que pudiera continuar avanzando hacia el éxito. Gracias al trabajo que realizamos, descubrimos hasta qué punto esa perspectiva había saboteado su éxito en el pasado. Siena estaba preparada para abandonar sus viejas creencias y convertirse en una de las afortunadas. Comenzó a suponer que ya no había nada que demostrar, y que a partir de ese momento podría empezar a atraer éxito, oportunidades y suerte para sí misma. Dio el salto, ¡y su nuevo bufete despegó como si se tratara de juegos pirotécnicos!

Desafío: Responde falso o verdadero a las siguientes declaraciones, y descubre cuáles son tus creencias respecto a rendir cuentas:

- Debo ganarme todo lo que obtenga. (Si contestaste Verdadero, fíjate en el caso de Siena, y en que puedes cambiar tu enfoque para atraer el éxito en lugar de sólo tratar de "ganártelo").
- Siento resentimiento hacia las personas a las que todo se les ha brindado de forma gratuita. (Si contestaste Verdadero, date cuenta de que esta noción te impide recibir lo que se te brinda a ti. Cuando veas que alguien tiene buena suerte, siéntete inspirada. Luego reclama lo que quieres obtener: "¡Estoy lista para que _____ me llegue en charola de plata!").
- Algunas personas tienen suerte, y otras no, y yo soy de las que no. (Si contestaste Verdadero, reúne evidencias de tu buena fortuna. Haz una lista y date cuenta de las bendiciones que realmente has tenido en la vida. Todos tenemos momentos de suerte, así que, tal vez, ¿eres afortunada en el amor o con el dinero? ¿Quizá tienes suerte para encontrar zapatos geniales y económicos? ¿Para hacer amistades?)
- Está bien que reciba cosas que no me he ganado. (Si contestaste Falso, entonces te reto a que te esfuerces a recibir con alegría

desde el día de hoy. Recibe un halago que te parezca inmerecido; agradece la pérdida de algunos kilitos de más cuando ni siquiera lo estabas intentando, acepta la invitación de un amigo para ir al ballet. Tan sólo recibe, ¡sin hacer preguntas!)

- Tomar un atajo es como hacer trampa. (Si contestaste Verdadero, entonces llegó la hora de que te sientas bendecida por los atajos en tu vida. Comienza por los más sencillos, como ir rebasando a algunos autos en la vía rápida o pidiéndole a tu asistente que comience a editar tu reporte… Haz cualquier cosa que te haga decir, "¿De verdad puedo hacer esto?")

Identifica en qué momento tus creencias sabotean la alegría y el éxito. Luego prueba la Declaración siguiente y fíjate cómo cambian las cosas.

Afirmación: "Yo declaro que ya rendí las cuentas que me correspondían, y ahora voy a permitir que la suerte, las cosas que suceden de manera sencilla, y las bendiciones, sean parte de mi vida."

¿Quién te dijo que tenías que sacar lo mejor de una mala situación? No es necesario que sigas pagando por nada.

—CHELLIE CAMPBELL, autora, oradora estadounidense, especialista en reducción del estrés financiero.

MENTIRA #30:

Si no sé cómo, no podré conseguirlo.

También puede aparecer como:

Para lograr mis objetivos tengo
que saber qué y cómo sucederá.

La verdad: Para triunfar necesitas identificar lo que deseas y creer que puedes obtenerlo. En cuanto tengas una visión clara de adónde quieres ir, y estés convencida de que puedes llegar, entonces podrás empezar a dar ese tipo de pasos inspirados que te llenan de gozo y se sienten bien a un nivel intuitivo. La pregunta *cómo* suele impedirnos soñar, así que quita el pie del pedal del *cómo*, y pisa el pedal del *anhelo*. ¡Date la oportunidad de soñar, y mírate emprender el vuelo!

Imagina lo siguiente: Estaba sentada con mi hija cuando ella tenía unos nueve meses de edad. Entonces recibí una llamada de la compañía exterminadora de termitas, en la que me dijeron que necesitábamos gastar 25,000 dólares en trabajos de reconstrucción de la casa que acabábamos de comprar. La frase exacta fue: "El estuco es lo que sostiene la mitad de la casa". A eso añádele la disolución de una sociedad de un negocio de siete años que estaba a punto de terminar. Gulp. ¡Vaya! ¡Fue un tiempo bastante difícil! Pero a pesar de las circunstancias, tenía la corazonada de que la idea que traía entre manos, funcionaría de maravilla. Quería reunir a varias mujeres en una serie de televisión para darles acceso a las celebridades que yo admiraba más, como Marianne Williamson, Marci Schimoff, SARK y Lisa Nichols. Llevaba quince años leyendo y aprendiendo de todas esas mujeres, y

AMY AHLERS

contaba con la visión; sin embargo, no tenía idea de *cómo* llevaría a cabo mi plan.

Entonces hice lo que con frecuencia hago cuando no sé cómo voy a echar a andar un proyecto: dejé a Annabella en casa con su maravilloso padre, y salí a correr por las colinas con Dozer, mi perro. Al principio del recorrido me propuse tener más claridad y diseñar un plan. Corrí con rapidez y fuerza, y permití que la inspiración se desbordara. Para cuando terminé ya tenía un nombre para la serie y había definido el siguiente paso. Entonces nació *Women Masters Teleseminar Series*; comencé por enviar correos electrónicos a todas las expertas a las que admiraba, para invitarlas a participar. Fui a sitios de Internet y llené solicitudes de contacto. Nunca permití que mi Arpía interior me lo impidiera. ¿Y cuál fue el resultado? Mi vida cambió por completo… Me hice amiga de muchas de las especialistas, tripliqué mis ingresos… Comencé a tener el tipo de impacto que quería tener en el mundo y, finalmente, conseguí un contrato para hacer este libro. Si hubiera permitido que los incesantes "¿Cómo?" de mi Crítica interior me hubieran abrumado (preguntas como, ¿Cómo vas a organizarlo? ¿Cómo te vas a poner en contacto con las expertas? ¿Cómo piensas desarrollar el sitio de Internet? ¿Cómo va a funcionar la tecnología?), no estarías leyendo este libro ahora, ¡y las termitas se habrían comido mi casa! Créeme, todo comienza con un deseo, con una visión y con ese primer paso lleno de inspiración. El resto se irá revelando poco a poco. ¿Quieres escuchar algunas de las entrevistas con las mujeres expertas de la serie? Visita www.BigFatLiesTheBook.com y solicita el paquete para las lectoras, el cual incluye varias de las entrevistas, ¡sin ningún costo!

Desafío:

- Comienza por comprometerte a tener diez minutos en los que soñarás y visualizarás lo que más deseas. ¡No se permiten preguntas que empiecen con "¿Cómo…?"!

- Trata de vivir tu visión. ¿Qué es lo que ves? ¿Qué sientes? ¿Qué impacto tienes en el mundo? Date la oportunidad de soñar en grande.

- Define tu propósito y dedícate a hacer lo que más te ayuda a acallar el barullo de las grandes mentiras. Tal vez te sirve tomar un baño prolongado, tejer bufandas, salir de excursión, enunciar tu propósito antes de descansar por la noche (recuerda que tu subconsciente puede desarrollar un plan de trabajo mientras tú duermes, ¡para ahorrar tiempo!), o siéntate frente a un estanque cercano o algo similar, y deja que el sutil oleaje o la inmovilidad del agua te bañen y te ayuden a fortalecer tu propósito.

- Tu misión es permitir que la inspiración y el propósito te guíen. Para comenzar, lo único que necesitas saber es cuál será el siguiente paso. ¡No es necesario que conozcas el plan *completo*!

- Descubre cuál es el siguiente paso, y dalo.

Afirmación: "Confío en mi visión. Uso la inspiración como guía y sé que el 'cómo', se mostrará con sutileza."

Los obstáculos son esas atemorizantes cosas que ves
cuando le quitas de encima la vista a tu objetivo.

—HENRY FORD, industrial estadounidense,
fundador de Ford Motor Company.

MENTIRAS ESTÚPIDAS
SOBRE
EL DINERO

*D*inero. La mera palabra inspira sueños, pesadillas, incluso canciones. (En este preciso momento escucho en mi cabeza la tonada de una famosa canción sobre el dinero. ¿Tú también conoces alguna?) Al dinero le damos demasiado poder y significado; siempre deseamos más y, al mismo tiempo, si llegamos a tener más, nos sentimos temerosos, abrumados o culpables. La presión que ejerce el dinero en nuestras vidas es sobrecogedora, y todo este asunto está repleto de grandes mentiras.

Sin embargo, también existe otra posibilidad, y no se me ocurre un mejor ejemplo que el de mi amiga Mary, una inteligente mujer de negocios que practica el budismo y que tiene una hermosa y equilibrada relación con el dinero. Antes de gastar de manera descuidada en otras cosas, Mary se paga a sí misma por medio de aportaciones que realiza a sus cuentas de ahorro y de jubilación. De esta manera expresa su fe en un futuro próspero. Mary tiene cuentas de ahorro separadas para gastos especiales y fuertes como la renovación de su cocina o para asistir a un retiro de tres meses en los montes Himalaya. Se embarca en alguno de esos grandes proyectos con una sonrisa porque sabe que reunió con anticipación el dinero para costearlos. Asimismo, siempre dona el diez por ciento de sus ganancias netas a causas nobles, a gente que la inspira, y a organizaciones en las que confía. De hecho, una vez me sorprendió con una donación cien dólares tan sólo por ser yo. Imagínate lo feliz y emocionada que estaba. ¡Muchísimo! Y aunque de repente se permite algún lujo, siempre paga la mensualidad de sus tarjetas de crédito a tiempo.

Para Mary la disciplina de administrar su dinero es igual a la que aplica en su práctica de la meditación: no espera hacer todo bien todo el tiempo, sólo apegarse a un compromiso sólido y cotidiano que le brinde un marco de libertad y de acción. Mary le asignó al dinero un significado que a ella le funciona; cree que el dinero fluye, que siempre tiene más del que necesita, y que es sólo una faceta más de su vida. Dicho de otra manera, su cuenta bancaria no está vinculada al valor que ella misma se da.

Nuestra Sabiduría interior y la Superestrella saben que podemos ser un poco más como Mary; que podemos mezclar la espiritualidad con la riqueza, y mantener la felicidad desvinculada del estado de cuenta bancario. Así que sumerjámonos en las opacas aguas del dinero juntas, y al salir, una vez más, lo haremos, ¡brillando más que nunca!

MENTIRA #31:

El dinero es la raíz de todos los males.

También puede aparecer como:

La gente rica es codiciosa y mala. El dinero sólo genera problemas y conflictos.

La verdad: Si tienes pensamientos o sentimientos negativos respecto al dinero, de manera subconsciente estás apartándote de la riqueza. Seguramente no quieres convertirte en algo que consideras malo, pero, al mismo tiempo, deseas ser más adinerado y tener más abundancia. En otras palabras, sostienes una relación bastante tensa con el dinero porque, por una parte dices que lo deseas con desesperación, pero, al mismo tiempo, lo condenas. ¡Es como si el dinero se hubiese convertido en ese espantoso novio al que ya ni siquiera le interesas! Estos mensajes confusos te mantienen operando bajo un patrón. Llegó la hora de limpiar tu relación con el dinero y tus creencias sobre él. De esa manera lo atraerás más y, por si fuera poco, dejarás de cederle el poder de hacerte infeliz, miserable, y ya no te sentirás que eres la víctima.

Janet, una hábil artista del cabello y el maquillaje, casi siempre estaba en problemas financieros. Mientras hablábamos acerca del dinero, me confesó que tenía varios pensamientos negativos demasiado arraigados respecto a la riqueza. Comprendió que, en su mente, tener dinero era la receta perfecta para terminar siendo una persona echada a perder, desalmada y sin consideración por otros. En cuanto desciframos sus miedos y creencias, Janet se relajó y los empezó a transformar en nociones positivas que la acercaban a su verdadero yo. Su Sabiduría interior le dijo que debía arraigar la siguiente idea: "Entre más dinero gane, más podré contribuir con el mundo." A partir de entonces empezó a concentrarse en las anécdotas de personalidades que estaban causando un impacto positivo. Se dio cuenta de que, a medida que reunía la evidencia de que la riqueza puede ser una fuerza positiva, también iba ganando más dinero. En primer lugar, recibió un aumento de sueldo en su trabajo, pudo pagar sus deudas de tarjetas de crédito, cubrió su deuda personal y empezó a ahorrar en una cuenta. Incluso tuvo la oportunidad de donar el cinco por ciento de sus ingresos a su fundación de caridad preferida. Para Janet, este cambio de perspectiva también significó un cambio importante en su vida, y tengo el gusto de informarte que continúa creyendo que la riqueza es algo positivo. Además, sigue produciendo más y más abundancia.

Desafío: A partir de ahora encárgate de tu relación con el dinero. Comienza por prestarles atención a tus creencias acerca de la manera en que se produce, se pierde y se multiplica. Sigue el proceso de seis pasos que se presenta a continuación:

- Evalúa la manera en que, por lo general, se maneja el dinero en tu familia. ¿Se le otorga demasiada importancia? ¿Lo dan por hecho? ¿Pasan todo el tiempo tratando de conseguirlo? ¿Lo consideran maligno?
- ¿De qué maneras te sientes afortunada? Tómate un momento para apreciar la abundancia que hay en tu vida ahora. Tal vez tienes muchos amigos, oportunidades de lucir fuerte, una gran familia, energía, humor.
- Piensa en la relación que tienes con el dinero. ¿Cómo reaccionas cuando alguien toca el tema? ¿Sientes un nudo en el estómago? ¿Sonríes?
- Decide que, de ahora en adelante, tu relación con el dinero será diferente. Escribe cómo te gustaría sentirte al respecto. Pídele consejos a tu Sabiduría interior sobre qué visión del dinero te convendría adoptar.

- Haz una cadena de perspectivas sobre el dinero. (Este ejercicio está inspirado en las palabras y el trabajo de Abraham-Hicks.) Escribe los números del 1 al 7 en una hoja de papel. En el 1, escribe la perspectiva que tienes actualmente sobre el dinero. El 7 representa la perspectiva de tu Sabiduría interior, aquella que te gustaría tener. Llena los números intermedios con otras nociones que podrían vincular tus creencias actuales con la que te gustaría tener. Así tendrás un plan que te ayudará a ir progresando hacia la manera en que te gustaría relacionarte con el dinero de forma ideal. Aquí te presento una muestra del plan de perspectivas en cadena:

  1. El dinero es la raíz de todo mal.
  2. No todo el dinero proviene de gente mala.
  3. El dinero es solamente una fuente de energía.
  4. Me ha gustado la sensación de tener bastante dinero.
  5. A veces sí he tenido dinero.
  6. Creo que soy capaz de generar dinero.
  7. El dinero viene hacia mí.

- El paso final consiste en vivir cada una de las perspectivas por un día. Comienza con la 1 (que será la más sencilla porque es la actual, ¡la que mejor conoces!). Reúne las evidencias que muestren que esa perspectiva es precisa. Al día siguiente, pasa a la 2 y amplifica su volumen y su legitimidad a través de pruebas. Continúa así hasta que llegues a la perspectiva 7, la que te gustaría conservar. En siete días tendrás que estar viviendo en tu noción ideal. En ese momento, fíjate cómo la alegría (¡y el dinero!) entran en tu vida.

Afirmación: ¡Llena tu cadena de perspectivas y úsala como Declaración la próxima semana!

Bendice aquello que anhelas.

—FILOSOFÍA HUNA

MENTIRA #32:

Si tuviera suficiente dinero, todo estaría bien.

También puede aparecer como:

Cuando sea rico podré ser feliz.

La verdad: Ahora que ya empezamos a transformar nuestras creencias negativas respecto al dinero, debemos asegurarnos de no caer en esa gran mentira que te dice que, para ser feliz, necesitas dinero. El dinero es tan sólo una fuente que te permite cierto tipo de estilo de vida material. ¿Y la idea de que el dinero puede calmar todas tus preocupaciones? ¡Ah! De acuerdo con el Certified Financial Planner Board of Standards, casi un tercio de las personas que ganan la lotería termina en bancarrota y asegura que haber ganado causó más problemas que beneficios.

Cuando confundimos "tener dinero" con "ser felices", nos colocamos en una situación en la que terminaremos decepcionados e impotentes. Y, de hecho, sentirse frustrado e impotente, hace que sea más difícil generar dinero. ¡Qué ciclo tan terrible!

Desafío: Mira el panorama general de tu situación económica y de tu felicidad, e identifica si se relacionan, o no. Haz una gráfica en la que se puedan ver los últimos diez años. En ella, una línea representará la felicidad, y la otra, las finanzas. En una escala de satisfacción del 1 al 10 (en donde 1 es horrible, 5 más o menos, y 10, fabuloso), califica tu felicidad y tu situación económica en cada periodo:

- Actualmente: ¿Qué calificación le das a tu felicidad (del 1 al 10)? ¿Y a tu situación económica (del 1 al 10)?
- Hace 2 años: ¿Qué calificación le darías a tu felicidad de entonces (del 1 al 10)? ¿Y a tu situación económica (del 1 al 10)?
- Hace 7 años: ¿Cómo calificarías tu felicidad (del 1 al 10)? ¿Y tu situación económica (del 1 al 10)?
- Hace 10 años: ¿Cómo calificarías tu felicidad (del 1 al 10)? ¿Y tu situación económica (del 1 al 10)?

Usa los resultados para hacer la gráfica para tener una representación visual. Aquí tienes una muestra:

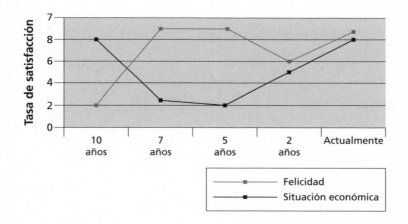

Gráfica de la felicidad y la riqueza

Responde las preguntas:

- ¿Qué notaste? ¿En verdad tu felicidad está directamente relacionada con tu situación económica?
- Cuándo gozaste de ambas, de felicidad y abundancia económica, ¿a qué lo atribuyes? Por favor identifica muy bien aquí, qué fue lo que funcionó bien en ese periodo. Fue la época de oro, en la que tu Superestrella brilló como nunca antes. Haz una lista de lo

que tenías entonces y que permitió que fuera un tiempo de abundancia material y felicidad.

Afirmación: "Avanzo en la vida y gozosamente nutro mis finanzas y mi felicidad."

El éxito no es un lugar al que se llega, sino el espíritu
con el que se inicia y se continúa el viaje.

—ALEX NOBLE, escritor franco-estadounidense.

MENTIRA #33:

Jamás tendré lo suficiente.

La verdad: Como ya lo mencionamos, desear más forma parte de la experiencia humana. Sin embargo, no debemos confundirlo con sentir que no tenemos suficiente. Es necesario que encuentres la manera de hacer la paz con el lugar que ocupas en la vida en este momento, y que goces del viaje por sí mismo.

¿Fuiste a una excursión y llegaste a la cima de la montaña sólo para descubrir que había otra montaña que escalar?, ¿una que no estuvo a la vista sino hasta que llegaste a cierta altura? Ésa es precisamente la manera en que pasa en la vida: siempre habrá montañas más altas que escalar. No obstante, debemos emprender el viaje con alegría, entusiasmo y elegancia. Celebra tus hitos como los grandes logros que son, ¡y alégrate por todo lo que tienes!

Desafío: ¿A dónde quieres ir ahora? ¿Qué es lo que puede ayudarte a disfrutar de escalar hasta la próxima cima? Prueba el siguiente ejercicio, te ayudará a encaminarte hacia un viaje lleno de alegría:

- Escribe lo que ves actualmente desde el lugar en donde te encuentras. Haz una lista de todo lo que aprecias del estado actual de tu vida.

- A continuación haz una lista de las situaciones que te gustaría vivir ahora. ¿Qué crees que te espera en la siguiente cima lógica?
- ¿Qué crees que apreciarás más en la siguiente cima de lo que lo aprecias ahora?
- Toma la decisión de empezar a apreciar todo eso desde ahora. Hazlo de manera deliberada y como si ya lo tuvieras.
- Coloca una nota en tu espejo o en el auto que te ayude a recordar los regalos que te esperan en la siguiente cima.
- Finalmente, ¡disfruta del ascenso!

Afirmación: "En este gozoso viaje de mi vida, ya tengo más que suficiente, ¡y estoy preparada para recibir más!"

Al abandonar esa búsqueda por tener siempre más, y al examinar y vivir de manera consciente con los recursos que ya poseemos, podemos descubrir nuestra riqueza con mayor profundidad de lo que imaginamos. Al nutrir la atención, los bienes que tenemos se expanden y crecen.

—LYNNE TWIST, activista, oradora y autora estadounidense, fundadora de Soul of Money Institute.

MENTIRA #34:

Soy del club de las que no merecen tener algo.

También puede aparecer como:

No merezco tener dinero. Estoy destinada a vivir en quiebra por siempre.

La verdad: Nadie te condenó a ser una "amolada" de nacimiento. De hecho, desde que llegaste a este mundo tienes el derecho a llevar una vida plena, con alegría, felicidad y dinero. Piénsalo muy bien de verdad. ¿Crees que habría un poder superior al que le gustaría ponerte en este mundo tan sólo para que sufras?

La clave radica en soltar la mentira y dejar de irte a los extremos, porque ahí es en donde vive tu Crítica interior. Sé que si no haces las cosas con cuidado y si no te sintonizas con tu Sabiduría interior, puede resultar muy sencillo tomar una factura pendiente, y decir: "Estoy destinada a vivir en la quiebra para siempre." Por eso quiero que dejes de reunir las evidencias que demuestran que las cosas nunca te salen bien, y que no mereces nada. En lugar de eso, empieza a fijarte en todo lo que sabe tu Superestrella.

Desafío: Toma una hoja de papel y traza cuatro columnas. En la columna del extremo izquierdo escribe tus diez mayores miedos respecto al dinero y tu vida. Éstas son creencias que te limitan y que corren desbocadas por tu mente. En la siguiente columna pregúntate: "¿Cuánto riesgo existe de que se vuelva realidad?" ¡Esta pregunta va a alertar a tu Arpía interior! En la siguiente columna haz una lista de todas las evidencias que desdicen lo anterior. Finalmente registra las nuevas creencias de la Superestrella que vive en tu interior.

Aquí tienes una versión abreviada del cuadro:

Mayor miedo	¿Riesgo de que se vuelva realidad?	Evidencias de lo contrario	Creencias de mi Superestrella
Siempre voy a tener problemas de dinero.	No es posible.	Siempre he logrado salir adelante. Tengo a mi familia y/o a mis amigos, y ellos me prestarían dinero en un santiamén.	Siempre voy a tener un flujo constante de dinero.
Morir sola, sin dinero y sin amor.	Hay muy poco riesgo de que eso suceda.	Tengo amigos fabulosos, una hermana que me adora, y un seguro de gastos médicos a largo plazo.	Pasaré a la siguiente vida rodeada de mis seres amados y también podré dejar un legado.

Afirmación: "Tengo derecho, desde que nací, a ser feliz y adinerada."

El atajo a cualquier cosa que quieras en la vida, es ser y sentirte feliz, ¡desde ahora! Ésa es la forma más rápida de atraer a tu vida, dinero y cualquier otra cosa que desees.

—RHONDA BYRNE, creadora de la película
y el libro, *El Secreto.*

MENTIRA #35:

Está bien que gaste más de lo que tengo.

También puede aparecer como:

Sólo voy a cargarlo a la tarjeta
de crédito y ya después lo pagaré.

La verdad: Yo estoy a favor del pensamiento positivo y de que nos manifestemos a través del enfoque en lo que funciona en la vida; sin embargo, eso no significa que defienda la irresponsabilidad financiera y la negación. Debe existir un equilibrio constante entre el hecho de vislumbrar tu futuro financiero y el de atraer más dinero al mismo tiempo que permaneces consciente de la realidad acerca del panorama de tu situación económica. Además, esto último tienes que hacerlo con elegancia y solidez. Este equilibrio es el que conduce a tener más felicidad, medios económicos y confianza.

El gobierno de los Estados Unidos refleja de manera muy trágica la adicción que tenemos a acumular deudas. La mentalidad de "compra ahora y paga después", nos ha metido en graves problemas. Justamente ahora, mientras escribo, nuestra deuda externa es de más de *catorce billones de dólares*, y continúa incrementándose día a día. Vaya...

A mí me ha pasado esto en la vida. Alguna vez llegué a acumular deudas impagables en la tarjeta, y me mentí a mí misma respecto al equilibrio entre lo que ganaba y el dinero que gastaba. En ocasiones he sido muy desorganizada en cuanto a mis asuntos financieros, y hasta he llegado a ocultarme el verdadero panorama. He cometido errores, pero también he logrado salir por mí misma de esas profundas trampas para declarar: "¡Nunca más!" Ahora quiero inspirarte a hacer lo mismo.

Desafío: Tuve una increíble e inspiradora conversación acerca de esta gran mentira con mi querida amiga y colega, la Reverenda Karen Russo. (Asegúrate de visitar www.BigFatLiesTheBook.com para descargar su entrevista de la serie Women Masters, incluida en tu paquete de herramientas para las lectoras. Es gratuito.) Karen es la premiada autora de *The Money Keys*, y muy generosamente me ha permitido compartir contigo uno de sus fabulosos ejercicios relacionados con el dinero:

- Elige un aspecto de tu vida financiera que sea demasiado pesado para ti, y conviértelo en una bendición. Tal vez se trata de algo que descuidas, ignoras o siempre postergas, como poner al día tu chequera, pagar facturas o donar dinero.
- Ahora hazte el propósito de convertir esa carga en una práctica sagrada. Haz que se vuelva un acto con el que te cuidas a ti misma para ser responsable en el aspecto económico. Por ejemplo, si te parece que poner al día tu chequera es una carga y, por tanto, siempre evitas hacerlo, pon tu canción favorita, enciende una vela, di una oración y lánzate. O si has estado postergando esas llamadas que tienes que hacerles a las empresas que te otorgaron las tarjetas de crédito para negociar una tasa de interés más baja, entonces ponte los tacones de la Superestrella, enciende una pajilla de incienso, di una de tus declaraciones, y marca en este momento.

Este ejercicio sirve para que modifiques tu estructura mental y dejes de pensar en el dinero como una carga, para que comiences a considerarlo una bendición. Verás que, al practicarlo, los milagros comenzarán a ocurrir.

Afirmación: "Me amo y me respeto lo suficiente para ser responsable en el aspecto financiero de mi vida."

Muchos buscadores espirituales creen que el dinero es, de alguna manera, exclusivamente material. Para mantenerse "puros", deciden no tener dinero, y entonces la pureza se convierte en pobreza. Pero eso no es verdad. ¡Tú puedes ser espiritual y financieramente rico!

—KAREN RUSSO, autora y guía espiritual
para la creación de riqueza.

MENTIRAS ESTÚPIDAS SOBRE EL AMOR Y LAS RELACIONES SENTIMENTALES

El amor puro es la energía más poderosa que existe en el planeta. La ciencia ha demostrado su influencia a través de investigaciones como el fascinante trabajo que realizó el doctor Masaru Emoto con cristales de agua. Tal como se documentó en el libro *Los mensajes ocultos del agua*, y en la película *¡¿Y tú qué (s)abes?!*, el doctor Emoto analizó el impacto que ciertas palabras y energía tenían en las moléculas de agua. ¡Los resultados fueron asombrosos! Cuando envió energía amorosa con palabras como *amor, gratitud*, o frases como *lo siento*, los cristales adoptaron formas gloriosas. En contraste, cuando envió energía negativa con frases como *eres tonto* o *me enfermas*, los cristales tomaron formas oscuras y pavorosas. Dado que la mayor parte del cuerpo humano está hecha de agua, ya te puedes imaginar lo increíble que es dedicarnos palabras y pensamientos de amor a nosotras mismas (así como el terrible impacto que puede producirse cuando la Crítica interior nos envía palabras de odio). Entonces, ¡Deshagámonos de esas tremendas mentiras que nos impiden hablarnos con amor!

Después de todo, el amor es lo que más anhelamos los seres humanos, y puede llegar en varias formas: el amor romántico, paternal, de amistad, entre hermanos y, por supuesto, el amor por uno mismo. Piensa en alguna experiencia límite en tu vida, un tiempo en que sentiste que todo era perfecto, un verdadero momento de plenitud. Lo más probable es que dicha experiencia se haya basado en esta emoción, ya sea porque en ese momento sentiste un inmenso amor por la naturaleza, por alguna fuente de energía o Dios; en el amor por ti misma; o por el amor de otra persona como cuando diste a luz, te enamoraste de tu alma gemela o te sentiste profundamente conectada con tu mejor amiga(o), hermana(o), padre o madre. El amor estuvo presente de una manera intensa, y en momentos como ése, es cuando surge tu Superestrella.

Los humanos somos animales de grupo y necesitamos vincularnos los unos con los otros para sobrevivir. Incluso las personas más introvertidas y solitarias necesitan relaciones y amor en sus vidas. Por eso no resulta sorprendente que las relaciones y el amor nos provoquen tanto caos y confusión: porque son demasiado importantes para nosotros.

Lo que estás a punto de leer, son las grandes mentiras que se interponen en nuestra capacidad para dar y recibir amor. Algunas de ellas son muy comunes, otras, son bastante engañosas, discretas e insidiosas. Piensa en ellas como las mentiras que te impiden alcanzar el amor. Los ejercicios de entrenamiento te ayudarán a crear una hermosa relación contigo misma y con los demás para que puedas aprender a dar y recibir amor con plenitud.

Mira con cuidado en tu interior e identifica en cuáles de estas mentiras crees. Luego lleva a cabo los desafíos para que te puedas liberar de ellas y sintonizarte con la verdad. Esto es lo que mi Sabiduría interior reconoce como la verdad: *Tú eres amada*. ¡Llegó el momento de que permitas que ese amor fluya hacia adentro y fuera de ti!

MENTIRA #36:

Necesito a otra persona para sentirme completa.

La verdad: Si crees que necesitas a un hombre, una pareja sentimental o un hijo para estar completa, te equivocas. *Tú ya estás completa.*

Puede ser muy fácil caer presa de esta mentira porque tenemos canciones, poemas, películas y tarjetas de felicitación que nos siguen infundiendo la idea de que si no tenemos una pareja, hijo o algo similar, entonces no podemos ser mujeres plenas. Sólo piensa en todas las comedias románticas que siguen perpetuando esta mentira con frases como la omnipresente: "Tú me completas" de *Jerry Maguire*. O mira a las adictas a los bebés como Nadya Sulemen, también conocida como *Octomom* (La Octomadre), quien admite que dio a luz a sus hijos porque anhelaba sentirse plena. Ahora tiene catorce hijos a los que le cuesta mucho trabajo cuidar.

Yo me siento muy bendecida porque tengo un esposo y una hija a los que adoro, pero no creo que me completen. Me siento plena y lo soy, por mí misma. Y sé que si no hubiera hecho mi tarea y asumido mi plenitud individual, no me sentiría atraída a la maravillosa gente que hay en mi vida. Creo que no fue hace mucho que todavía me sentía incompleta. Vivía con mi exnovio y pensaba que él me completaba a todos los niveles posibles. Estábamos muy compenetrados y mi identidad estaba enredada con la suya. Tenía la impresión de que sólo era plena estando con él y amándolo. Esta dinámica afectó terriblemente mi amor propio y mi autoestima, en particular cuando por fin descubrí que la relación era enfermiza y que no debía seguir tolerándola. Entonces me encontré sola y con la sensación de que era una mujer incompleta. Por eso hice lo que ahora te reto a hacer para que logres infundirte plenitud.

Desafío: Vamos a averiguar de verdad cuán plena eres con el poderoso ritual llamado Cásate contigo. Yo lo conocí al leer *Succulent Wild Woman*, el maravilloso libro de SARK, y cambió mi vida para siempre.

- En primer lugar, quiero que hagas una lista de las promesas que estás preparada a enunciar. Promete no dejarte nunca, promete acabar con el ciclo de abandono de ti misma en la vida, jura que te considerarás plena y completa, tengas o no una pareja, niño o cualquier otro ser que esta mentira insiste en hacerte creer que necesitas. Recuerda que se trata de que declares el amor por ti misma a un nivel profundo.
- En segundo lugar, haz una lista de las maneras en que vas a estar ahí para ti. Aquí es en donde te enfocas en concretar las promesas, y convertirlas en acciones que pueden ser medidas. De esta manera podrás evaluar la constancia del compromiso que hiciste para amarte. ¿Prometes tener una cita contigo una vez al mes? ¿Realizarás una actividad enriquecedora todos los días? ¿Escribirás un registro de tus logros?
- En tercer lugar, debes encontrar un símbolo de tu compromiso. Puede ser un anillo, joya, una gema con forma de corazón, o un collage de fotografías con tus momentos más felices. En general puedes usar cualquier objeto que simbolice tu plenitud y tus promesas.
- Por último, haz el ritual del matrimonio contigo misma. Yo hice el mío en una playa de Malibú, junto con dos otras fabulosas amigas

que también lo realizaron. Todas vestimos hermosos vestidos y fuimos testigos en la lectura de las promesas de las otras. También bendecimos nuestros símbolos y celebramos nuestra plenitud.

Declaración: Durante los próximos 30 días, enuncia una de tus promesas de matrimonio frente al espejo.

No me quiero. ¡Me adoro!

—MAE WEST, actriz estadounidense
y legendario símbolo sexual.

MENTIRA #37:

No tener pareja significa que estoy sola.

La verdad: Estar sola *no* es lo mismo que ser una mujer solitaria. De hecho, no hay nada más solitario que estar entre mucha gente o, peor aún, vivir con una pareja, y sentirse sola. Es fundamental que trabajes para desarrollar una relación contigo misma, la cual, a su vez, te permita tener tiempo a solas y te dé la oportunidad de estar ahí para ti. Cada vez que conozco a alguna clienta que busca pareja, comienzo a trabajar en la relación que tiene consigo para asegurarme de que no confunda el estar sola con ser una solitaria. En cuanto mis clientas solteras se sienten cómodas estando solas, a menudo se abren las compuertas y el amor comienza a fluir. La energía del amor por uno mismo atrae a gente que también lo reflejará.

Desafío: Este desafío consiste en que averigües lo fabulosa que eres. Aparta un tiempo para que estés sola y puedas dedicarte a experimentar el amor por ti. Prueba los siguientes ejercicios:

Autoconocimiento: ¿Cuáles son tus opiniones? Conoce lo que te gusta y lo que te disgusta. Piensa en los sucesos actuales y en los temas que te interesan; en los libros que has leído recientemente, las películas que has visto y todo lo demás. Pregúntate: "¿Qué pienso respecto a este tema?", "¿Cuál es mi opinión?" Explora las cosas que amas y aquello que no te interesa. Trata de llegar a conocerte a un nivel muy íntimo.

Espontaneidad y estar en el momento: Date un día para TI MISMA y permítete vivir a fondo el momento con la siguiente pregunta: "¿Qué quiero hacer hoy?" Realiza lo que te hayas propuesto. Quizá decidiste tomar una siesta, ir al gimnasio, darte un baño, escribir cartas, terminar ese proyecto de arte pendiente.

Apreciación por ti misma: Haz una lista semanal de las cosas que más aprecias de ti. Deja que esta práctica se convierta en un ritual de amor propio.

Evidencia: Reúne evidencias de lo maravillosa que eres, tomando en cuenta todos los halagos y demostraciones de admiración que recibas en una semana. Coloca la lista en un lugar visible como el clóset, el tablero del auto o el espejo del baño.

Afirmación: "Soy mi mejor amiga."

Estamos todos en esto... pero cada quién por sí mismo.

—LILY TOMLIN, actriz y comediante estadounidense.

MENTIRA #38

Amar a mi familia implica preocuparme por ella.

La verdad: No puedes amar a alguien y preocuparte por él o ella, al mismo tiempo. Tu trabajo consiste en *amar* a aquellos que te importan, no preocuparte por ellos. A menudo confundimos estas dos emociones y pensamos que están vinculadas inexorablemente; sin embargo, el amor y la preocupación son casi opuestos. El amor proviene de tu alma y tu corazón, de la apreciación y la fe. La preocupación surge del miedo, la ansiedad y la falta de fe. Además genera una energía negativa. Entonces, ¿cómo puedes sentir amor y preocupación al mismo tiempo?

Cuando nació Annabella, mi hija, tuve que aprender y practicar mucho para dejar de preocuparme y empezar a amar. Este trabajo tuve que hacerlo todos los días, casi momento a momento. El día que la trajimos a casa, recuerdo que me sentía demasiado ansiosa y que tuve inquietantes y preocupantes pensamientos. "¿Está respirando?", "¿Bebió suficiente leche?", "¿Será normal que estornude tanto?" Entonces tuve que decidir: o continuaba siendo una madre fastidiosa, ansiosa y preocupada, o recurría al amor y a la fe para empezar a predicar con el ejemplo. Aprendí a apagar mi "mente preocupada" y a concentrarme en el amor que sentía por mi hija. Cada vez que sentía que la angustia me invadía, de manera consciente volvía al amor y trataba de pensar en cosas como: "Amo a mi hija", "Ella tiene un gran espíritu y

AMY AHLERS

está llena de vida", "Me encanta cómo se ríe", "Confío en que estará segura". Así que, la próxima vez que empieces a preocuparte, lleva a cabo ese cambio y podrás percibir el poder que tiene amarte a ti misma.

Desafío: Piensa en un ser querido. Date la oportunidad de preocuparte por él o por ella durante algunos instantes. Observa cuán terrible te hace sentir eso. Es posible que se te cierre el pecho, que tiembles, que cierres los puños o que se te acelere el pulso. Ahora cambia al amor. ¡Ah!, mucho mejor. Permite que realmente fluya el amor. Imagina la sonrisa de esa persona, la dulzura de su voz, el brillo de sus ojos. Observa cómo el amor te inspira sensaciones positivas. Tal vez esbozas una amplia sonrisa, tu corazón se abre, o sientes que tus hombros se relajan. La próxima vez que empieces a preocuparte por un ser querido, fija tu atención en el amor que sientes por él o ella.

Afirmación: "Yo transformo mis preocupaciones en visiones de paz, fortaleza y amor."

> *Preocuparse es como estar en una silla mecedora: te permite moverte pero no te lleva a ningún sitio.*
>
> —Van Wilder de *National Lampoon's*,
> dirigida por WALT BECKER.

MENTIRA #39:

Si amas a alguien debes estar dispuesta a hacer sacrificios.

La verdad: Estar al servicio de otros es una forma de amarlos; sin embargo, hay una gran diferencia entre estar a su *servicio* y *sacrificarse* por ellos. Cuando trabajé dando talleres y guiando cursos con mi amiga entrenadora Melissa Mcfarlane, descubrí que en cuanto te imbuyes en el mundo del sacrificio comienzas a marcar el camino hacia el resentimiento y la ira. En cambio, cuando trabajas para servir a alguien, lo haces con un deseo auténtico de dar, y no terminas drenándote por completo por el bienestar de la otra persona (incluso puedes llegar a sentir el anhelo del compromiso gozoso). Eso es el verdadero amor.

La diferencia entre servicio y sacrificio puede ser muy sutil. Es sólo cuestión de sintonizarte con tus emociones, observar cómo te sientes e identificar los lugares desde donde les estás brindando a los demás. Necesitas saber cuánto puedes dar antes de drenarte y sacrificarte por completo. Debido a que la vida cambia constantemente, también varía mucho lo que puedes dar y hasta qué punto debes servir.

Por ejemplo, si actualmente estás en una transición importante en tu vida (como un divorcio, casamiento, cambio de carrera, compra de un inmueble, nacimiento de un bebé, trato con un adolescente), entonces tu umbral para dar, debe ser muy bajo. Tienes que enfocarte en ti misma, en brindarte algo personal. Tienes que ser "egoísta" (vuelve a Mentira #15, que se refiere al egoísmo). Si estás resentida, abrumada y victimizada, o si vas llevando la cuenta de lo que compartes, y aún así, sigues dando, estamos hablando de sacrificio. Por otra parte, si te sientes estable, en paz, llena de vigor e inspiración, entonces lo más probable es que estés preparada para servir a otros. Éste es, por lo general, el momento perfecto para hacer trabajo voluntario o para extenderle la mano a algún amigo. Cuando brindas y te sientes revigorizada, entonces estamos hablando de servicio.

Desafío: ¿En qué aspectos de tu vida estás haciendo sacrificios? ¿En qué momentos te sientes drenada? Haz una lista de toda la gente o situaciones por las que te sacrificas.

Por ejemplo, es posible que tu madre esté enferma y tú te vuelvas loca por visitarla todos los días. O tal vez un amigo a quien conoces desde la preparatoria te llama a todas horas durante la noche porque lo dejó su novia. Ahora responde a las siguientes preguntas para cada situación: "¿Cómo podría servir en este caso?"

En el caso de tu madre, tal vez podrías hablar con tus hermanos para organizar un horario de "cuidados maternos" y, de esa manera, tendrías la posibilidad de reducir a dos tus visitas a su casa. Cuando inicies la nueva rutina notarás que, a pesar de que las visitas son menos frecuentes, las haces con más gusto porque tal vez el tiempo que normalmente pasabas con ella, ahora lo usas para arreglarte el cabello, ir al gimnasio o trabajar en tu jardín: cualquiera de esas actividades que te ayudan a sentirte más plena y capaz de dar con mayor legitimidad. En cuanto a tu amigo, puedes apagar el teléfono antes de ir a dormir para sentirte fresca y descansada a la mañana siguiente, y llamarlo cuando seas capaz de ayudarlo.

Haz un cuadro de cambio de actividades de sacrificio a actividades de servicio. Enlista las áreas en las que te estés sacrificando, responde: "¿Cómo podría servir en este caso?"

Afirmación: "Amo la energía que me llena cuando en verdad sirvo a otros y a mí misma."

Si no estoy ahí para mí, ¿quién más estará?

—RABINO HILLEL, teólogo y estudioso judío.

MENTIRA #40:

Todo es culpa de él/ella/ellos.

La verdad: Es mucho más sencillo culpar a otros que asumir la responsabilidad total de tu vida. Pero la existencia es una creación colectiva, y para crear lo que *tú* quieres, necesitas identificar tu papel en la creación de lo que *no* quieres. De cierta forma, la culpa es un regalo divino porque es señal de que estás renunciando a tu poder y eximiéndote de la responsabilidad. En lugar de culpar a otros, da un paso atrás, reevalúa la situación y recobra tu poder.

Bill solía culpar a su esposa de todos sus problemas. Semana tras semana aseguraba que ella era la culpable de que su carrera fuera fallida, de que tuviera problemas de peso y preocupaciones financieras. En pocas palabras, la señaló como el demonio mismo. Yo lo entrené para que viera que culpar a su esposa, en realidad lo debilitaba muchísimo. Con la mente llena de culpas, si Bill quería que su *vida* cambiara, forzosamente tendría que esperar a que su *esposa* lo hiciera primero. Después de que atravesamos el proceso que se explica más adelante, descubrió que, en realidad, con quien estaba enojado era consigo mismo y con sus acciones. Al final comprendió que era el único con poder para cambiar su vida, y empezó a sentir empatía por su esposa. Estableció un plan de acción para su carrera, salud, finanzas y matrimonio. Entonces todo mejoró de manera dramática y él logró recobrar su poder. ¿Cuál fue su único arrepentimiento? ¡No haber abandonado antes el juego!

Desafío: La siguiente vez que te sientas culpable, prueba el siguiente ejercicio.

1. Respira hondo e identifica qué es lo que origina que se infle la burbuja de la culpa. Por ejemplo, digamos que tu compañera de trabajo cometió un grave error y debido a eso no pudiste cumplir con la fecha de entrega de tu proyecto. Entonces la culpas a ella porque, ¿cómo se atreve a fallarle al equipo?

2. Canaliza la empatía por la persona a la que estás culpando. Tal vez tu compañera tiene un problema importante con su hijo adolescente. Contempla al ser humano que estás culpando, en lugar de sólo ver al villano que creaste.

3. Ahora piensa en soluciones sólidas. ¿Cuál es el siguiente paso que debes tomar para llegar a dónde quieres ir? Tal vez llegó la hora de que tengas un encuentro sincero con tu compañera de trabajo y hables con ella acerca de la importancia de las fechas límite, y sobre lo que sientes respecto a incumplirlas. Quizá también sea necesario que platiques con tu jefe respecto a un nuevo sistema de revisiones y evaluaciones que puedan garantizar el cumplimiento de las entregas.

Ya recobraste tu poder y propiciaste una conexión humana. (Sugerencia: asegúrate también de aplicar este proceso la próxima vez que te culpes *a ti misma*).

Afirmación: "La empatía es la clave para liberar la culpa, y yo soy una persona maravillosamente comprensiva en ese sentido."

La amabilidad es mi religión.

—SU SANTIDAD EL DÉCIMO CUARTO DALAI LAMA,
líder espiritual del Tíbet, y ganador del
Premio Nobel de la Paz de 1989.

AMY AHLERS

MENTIRA #41:

Perdonar es sinónimo de aprobar.

La verdad: El perdón se basa en la liberación. Es una oportunidad de que experimentes paz. Perdonar no significa que apruebes tus acciones o las de otros; tan sólo significa que estás preparada para dejar los malos momentos atrás, y seguir adelante. El perdón es uno de los regalos más poderosos que podemos darles a otros y a nosotras mismas.

Una de las historias más conmovedoras sobre este tema, sucedió en Sudáfrica y se relaciona con la Comisión de la Verdad y la Reconciliación (Truth and Reconciliation Commission), la cual permitió que las víctimas y los perpetradores de la época del Apartheid, se reunieran para contar sus anécdotas con el objetivo de construir un camino hacia el perdón. De acuerdo con el Arzobispo Desmond Tutu, presidente de la comisión:

En lugar de venganza y retribución, esta nueva nación eligió tomar el difícil camino de la confesión, el perdón y la reconciliación. Nos emocionó escuchar a la gente que había sufrido profundamente y que, con todo derecho, habría podido exigir la sangre de sus torturadores, susurrar las palabras de perdón y revelar una disposición extraordinaria para trabajar en la reconciliación, para demostrar su magnanimidad y nobleza de espíritu. Somos buenos en esencia; fuimos creados para el amor, la compasión, el cariño, la generosidad, la paz y la reconciliación, para la trascendencia, la belleza, la verdad y el bien.

Todos podemos perdonar.

Desafío: Haz un inventario del perdón:

- ¿Hay alguien a quien necesites perdonar? Evalúa con honestidad si estás preparada para perdonar, o no. Si no es así, pregúntate: "¿Qué tiene que suceder para que esté lista?" Actúa, de ser posible. Quizá es necesario que escribas una carta que contenga tus verdaderos sentimientos (incluso si esa persona ya no está viva), o tal vez necesitas llamarla y ofrecerle una disculpa. También es posible que necesites adoptar una nueva perspectiva respecto a la situación, una en la que haya cabida para el perdón. "Él hizo todo lo que pudo con la información que tenía", es una visión que a menudo les ayuda a mis clientas a perdonar.
- ¿Hay algo por lo que necesites perdonarte a ti misma? Mira en lo más profundo: tal vez sigues aferrándote a un error que cometiste hace años. Perdónate de una vez por todas. A veces es bastante útil escribir tus errores y quemar el papel, o realizar una "excursión de perdón" en la que camines rodeada por la naturaleza, liberes tus errores y, finalmente, te perdones.
- ¿Hay alguien que necesitas que te perdone? Permite que este capítulo sea un catalítico para que busques ese perdón. Nunca es demasiado tarde para disculparse.

Afirmación: "Me perdono a mí y a los demás con sencillez y alegría."

Rara vez sabemos todo lo que hay que saber sobre una situación. Si llegas a hacerlo, entonces perdonarás todo también.

—THOMAS À KEMPIS, monje alemán católico del Medioevo.

MENTIRA #42:

Si fuéramos el uno para el otro, el sexo sería sencillo.

La verdad: En la mayoría de las relaciones a largo plazo, el buen sexo exige de un esfuerzo consciente. A mí me sorprende que nuestra Crítica interior siempre nos cause tantos problemas respecto a la cantidad de sexo tenemos en nuestras relaciones monógamas (me refiero a cuán poco). Es muy raro encontrar relaciones monógamas perdurables en las que haya sexo con frecuencia y sin esfuerzo. Por supuesto que al principio de una nueva relación, las parejas difícilmente se pueden quitar las manos de encima, pero en cuanto termina el periodo de la luna de miel, resulta normal que surjan algunas dificultades. Es fundamental que mantengamos el fuego encendido para continuar recibiendo todos los beneficios de las relaciones sexuales frecuentes.

Mucha gente que conozco y que está involucrada en relaciones sanas, tiene citas programadas (¡como un código para las noches de amor!), y yo agradezco mucho que sea así. Es muy importante nutrir tanto la sensualidad como la sexualidad. Todos merecemos tener sexo estupendo, en particular cuando estamos en relaciones monógamas. Ha llegado la hora de brindarle a nuestra salud sexual toda la atención que merece.

Desafío: Sintonízate con tus deseos sexuales y exprésaselos a tu pareja. Aquí te presento algunas sugerencias que te ayudarán a desinhibirte.

- Haz una lista de los diez lugares en donde más te gustaría que te acariciaran y besaran (aparte de los genitales). Sé creativa. ¿Te encanta que te muerdan el cuello?, ¿qué te acaricien la espalda?, ¿qué te hagan cosquillas en los pies?
- Escribe cada uno de tus deseos en una tarjeta diferente. Luego dóblalas a la mitad, colócalas en un cuenco y pídele a tu pareja que haga lo mismo.
- Durante las próximas diez semanas saquen una carta del cuenco del otro, y satisfagan el deseo ahí escrito por siete días. Tal vez ésta sea la semana de frotarse el vientre o, incluso, ¡de rascarse la cabeza!

Afirmación: "La exploración del deseo es un proceso que dura toda la vida, y que me hace sentir sensual, vibrante y viva."

Al toque del amor, todo mundo se convierte en poeta.

—PLATÓN, filósofo de la antigua Grecia.

MENTIRA #43:

Puedo controlar a otros.

La verdad: Las únicas acciones que podemos controlar, son las nuestras. Tratar de controlar a otras personas es una pérdida de energía, y siempre termina haciéndote sentir frustrada y llena de decepción. Además, darle todo el tiempo tu atención a alguien más, te impide enfocarte en ti. Con esto no quiero decir que no ejerzamos un impacto en los otros todo el tiempo, pero si tratamos de *controlar*, entonces el poder que tenemos para influir, se desvanece.

No hay un mejor ejemplo de la falta de control sobre otros, ¡que el entrenamiento que se les da a los niños pequeños para que aprendan a ir al baño! Cuando Annabella tenía dos años y medio, empezamos el largo viaje de enseñarle a usar la bacinica. Y déjame decirte que yo estaba *segura* de que podría controlarla en este proceso. Ahora, al igual que cualquier otro padre o madre podrá decirte, es imposible que obligues a un niño a usar la bacinica. De hecho, entre más trataba de controlar la rutina de Annabella para ir al baño, más se negaba ella a hacerlo. La lucha por el poder fue muy intensa. Finalmente descubrí que la gran mentira del control se había apoderado de mí, y entonces desperté y las cosas se hicieron mucho más fáciles. Pero eso sucedió sólo cuando me rendí y le dejé el trabajo de aprendizaje a ella: en ese momento, ella lo aceptó y lo logró. ¡Qué lección de humildad tan importante!

Desafío: ¿A quién quieres controlar? Identifica a las personas que (muchas veces tal vez en secreto) desearías que cambiaran para que tú pudieras ser feliz.

- Haz una lista de las cinco personas a las que más te gustaría controlar.
- Ahora haz una lista de los atributos positivos de cada una de ellas. ¿Qué es lo que amas y aprecias de estas personas? ¿Te gusta cómo viste tu compañera de trabajo? ¿La forma en que se ríe tu cuñada? ¿Las maravillosas anécdotas que cuenta tu vecino? ¿El independiente espíritu de tu hija?
- Ahora haz una lista de las maneras en que podrías influir de forma positiva en estas personas. ¿Quieres inspirar a tu esposo a que sea más saludable? ¿Te gustaría servir como el faro de esperanza de tu mejor amiga, quien está deprimida? Ahora enfoca tu atención y poder en ti misma.
- Antes de interactuar con alguna de las personas de tu "lista de control", recuerda lo que te encanta de él o de ella. Tómate un momento para recordar de qué manera puedes inspirar a esa persona sin tratar de cambiar su forma de ser.
- Por último, renuncia oficialmente a todo deseo de controlar a esa persona y situación. Christine Arylo y yo les enseñamos a nuestros estudiantes de los Círculos de la Sabiduría interna a extender los brazos y gritar lo siguiente, "A partir de ahora cedo a _____ [llena el espacio con el nombre de la persona o situación] al universo/Dios/fuente de poder". Entonces les decimos que emitan algún sonido que sirva como símbolo de liberación. Puede ser un: "Ah" o una exhalación vigorosa. ¡Lo que a ti te funcione mejor!

Ahora descubrirás que entre más te enfoques en lo que te agrada de la gente de tu lista, más podrás concentrarte en tu propio poder; entre más te rindas, más positiva te sentirás respecto a esas personas, y menos querrás controlarlas.

Afirmación: "Yo inspiro a la gente a hacer lo mejor."

Toda la vida hemos tratado de hacer que alguien más cambie "por su propio bien". Pero siempre fracasamos. No entendemos que al insistir en el cambio en realidad estamos impidiendo que éste se efectúe. Y todo este tiempo, el secreto a su inexplicable resistencia ha estado oculto frente a tus ojos y a plena vista: nada cambia... hasta que nosotros lo hacemos.

—AURIELA McCARTHY, autora y oradora
ruso-estadounidense.

MENTIRA#44:

Si realmente me amaras sabrías qué quiero y qué necesito.

También puede aparecer como:

Deberías tener el poder de leer mi mente.

La verdad: Amar a alguien no significa que puedas leer su mente. ¿Cómo esperas que tu ser amado sepa con exactitud lo que quieres? Éste es un cuento de hadas que los libros y las películas han perpetuado al presentar una imagen irreal: el hombre que aparece en el momento perfecto, con el regalo que esta mujer ha deseado en secreto toda su vida. ¡Despierta! La verdad es que cuando le dices a la gente lo que quieres, le das la oportunidad de complacerte. Aprender a comunicar tus necesidades y deseos es la clave para una relación saludable. Date el regalo de ser escuchada y complacida.

Mis padres son sensacionales y siempre me dijeron que les entregara una lista de lo que quería hacer en las vacaciones o recibir en mi cumpleaños. Siendo niña pasé bastante tiempo haciendo esas listas de todo lo que deseaba. Pensar en lo que quería me brindaba un tiempo mágico. Cuando por fin llegaba el gran día y tenía la oportunidad de abrir los regalos, saboreaba cada uno de ellos y me deleitaba al descubrir que mucho de lo que había pedido en mi lista, estaba frente a mis ojos. Por la expresión de mis padres, me daba cuenta de que darme lo que en verdad deseaba, les producía tanta emoción y alegría como las que yo sentía al recibirlo.

AMY AHLERS

Pero entonces, ¿por qué al crecer empezamos a pensar que expresar con exactitud lo que deseamos demerita el proceso de que alguien nos lo brinde? ¿Que pedir lo que necesitamos hace que, por alguna razón, recibirlo sea menos agradable?

Jennifer sentía que Joy, su pareja, debía saber de manera automática si ella se sentía molesta o agotada y que, además, tenía la obligación de apoyarla cuando lo necesitaba. De pronto Jennifer comprendió que en su cabeza escuchaba demasiadas conversaciones silenciosas y llenas de amargura, y que éstas estaban envenenando su relación. En cuanto decidió renunciar a esa fantasía de que la gente le podía leer la mente, sintió lo importante que es decir lo que queremos y disfrutar el enorme gozo de recibirlo. Hoy en día, cuando siente que está en un momento difícil, siempre llama a Joy y le dice: "Cariño, mi día ha sido horrible. ¿Me puedes decir lo maravillosa que soy; que estoy haciendo un gran trabajo, y lo hermosa y adorable que me ves?" Joy responde con gran entusiasmo y le dice las palabras adecuadas en el momento perfecto porque ahora ya sabe qué es lo que necesita Jennifer para sentirse amada y apoyada.

Ahora vamos a partir de la noción de que pedir lo que quieres y recibirlo, es fundamental. Escapa de esa trampa que te hace creer que la gente te puede leer la mente, y vuelve a sentir la alegría que tal vez te embargó siendo niña, cuando pedías y recibías lo que realmente deseabas.

Desafío: ¿De qué maneras sientes que estás ocultando tus verdaderos deseos, y estás a la espera de que alguien te lea la mente? Para averiguarlo llena los espacios del ejercicio que se presenta a continuación.

Relaciones en general

Los deseos secretos que me gustaría que alguien descubriera, son:

_____.

Si la gente realmente me conociera, sabría que _____ es de verdad muy importante para mí.

_____ me fascina.

_____ es mi amor secreto.

Lo que la gente usualmente no nota sobre mí es que _____.

Pareja

Desearía que mi pareja dejara de _____.

Desearía que mi pareja hiciera _____.

El regalo sorpresa que más deseo es _____.

Estoy esperando que mi pareja _____.

Trabajo

Desearía que mi jefe supiera _____ sobre mí.

Mis necesidades más importantes no cubiertas en el trabajo, son

_____.

Ahora articula la información anterior como solicitudes. Éste *no* es el momento de ser tímida o sutil, de andar dejando pistas por ahí y esperar que la gente las note. Sé asertiva al pedir lo que quieres. Al principio tal vez te sientas incómoda, pero cada vez se irá haciendo más y más sencillo. ¡Te lo aseguro! Comienza la frase con: "Tengo una petición. ¿Podrías por favor _____?" Sé clara y ve al grano. Aquí te muestro algunos ejemplos:

- ¿Podrías por favor llegar a tiempo a nuestras citas?
- ¿Este año podrías darme rosas blancas el Día de San Valentín?
- ¿Podrías dejar de manejar tan aprisa cuando yo esté en el auto?
- ¿Podrías por favor darme la cuenta Smith para que yo me haga cargo?

AMY AHLERS

Tal vez recibas un "No" como respuesta, pero también podrías recibir un "Sí". Y cuando eso suceda, entonces reconoce y celebra lo bien que se siente recibir lo que de verdad quieres, y lo maravilloso que es ver la satisfacción en el rostro de quien te lo da.

Afirmación: "Pido con alegría y recibo con agradecimiento."

Lo que siempre pasa es aquello en lo que uno cree realmente;
y creer en algo, hace que pase.

—FRANK LLOYD WRIGHT, arquitecto estadounidense.

MENTIRA #45:

Tengo el poder de salvar/arreglar
a otras personas.

La verdad: Lo único que podemos hacer es influir en otros e inspirar-
los; el salvarse, depende de ellos. A las arpías que viven en nuestro interior les gusta hacernos creer que si nos ponemos de acuerdo con
aquellos a quienes queremos salvar, y nos unimos a su depresión, tristeza, pobreza y/o enojo, seremos capaces de salvarlos. Pero la verdad
es que para poder ser una fuente de inspiración para otra persona necesitamos resistirnos a la tentación de unirnos a ella. Lo que debemos
hacer es brillar por nosotras mismas lo más posible, y confiar en que
los otros serán capaces de salvarse solos. A veces encontrarás gente
que se resiste a tu alegría e inspiración; son los "vampiros energéticos".
Anhelan ser salvados por otros pero, en ese proceso, les succionan la
energía a todos los que los rodean. Mantente alejada de este tipo de
personas y trata de enfocarte en ver por ti misma. ¡Incluso podrías terminar inspirándolas a cambiar!

Desafío: Identifica a los vampiros energéticos de tu vida. ¿A quién
quieres salvar o ayudar constantemente? ¿Quién espera que lo hagas?
¿Quién te deja la sensación de vacío o tristeza? Toma la decisión de
hacer un cambio. Al estar con esa persona, deja de usar tu "energía
salvadora" y comienza a usar la "energía inspiradora", o sácala de tu

vida de forma definitiva. Tienes que quererte lo suficiente para convertirte en tu prioridad.

Afirmación: "Brillo con tanta fuerza, que mi luz inspira a otros, y esa luz de la verdad me protege de los vampiros energéticos que hay en el mundo."

> *Percibo con amorosa compasión los problemas de otros,*
> *pero sin caer en las dificultades que a los demás les están*
> *ayudando a crecer.*

—KEN KEYES, autor y conferencista estadounidense.

La verdad: Cada vez que te das oportunidad de sobresalir, cada vez que permites que la Superestrella que vive en ti salga y se muestre, estás siendo honesta contigo misma. Quienes responden con celos o negatividad tienen que trabajar en algunos aspectos de sí mismos y, francamente, *ése no es tu problema.* Pasar desapercibida jamás les ayudará a otros a sentirse mejor. Tú tienes una responsabilidad contigo misma, y tienes todo el permiso para celebrar quien eres y vivir la gloria de tu éxito.

Vamos a pensar en la fórmula contraria por un momento. Trata de recordar la última vez que sentiste celos de alguien más; un día que la Arpía interior te comparó y te hizo sentir "menos". Observa que ésta es una indicación del tipo de trabajo que tienes que hacer. ¿Celosa del físico de tu mejor amiga? Debajo de esa envida descubrirás que te mueres por ponerte en forma. ¿Celosa del éxito económico de tu hermano? Parece que tienes que trabajar para traer más dinero a casa. Ésta es la verdad sobre los celos; sentir envidia de alguien más es señal de un deseo oculto en tu vida. También te dice qué trabajo tienes que llevar a cabo. Y cuando otros están celosos de ti, ten por seguro que se trata de una señal de lo que *ellos* deben hacer.

Una nota acerca de sobresalir: me he dado cuenta de que nuestras críticas interiores piensan que para sobresalir debemos ser mujeres ostentosas y pagadas de nosotras mismas, pero la verdad es que tu Superestrella debe brillar sin egocentrismo, y hacerlo desde una posición plena y con espíritu. Ser así debe hacerte sentir real, no inflada ni con un tono autoritario. Tienes que conectarte con la verdad de tu magnificencia de Diosa.

Desafío:

- Haz una lista de las situaciones en las que, por lo general, ocultas tu luz debajo de una piedra.
- Observa qué te rodea en esas situaciones con más frecuencia. (¿Estás en casa con tu hermanito? ¿Con esa compañera de trabajo que siempre se queja de todo?).
- Fíjate en el impacto que tu hábito tiene en quienes te rodean. ¿Parece que se sienten mejor? Fíjate bien. ¿Mantener un perfil bajo les sirve de algo a otros?
- Enlista las situaciones en las que tiendes a brillar. (Recuerda que no se trata de ser egoísta o engreída, sino de permitir que tu luz salga al exterior).
- ¿Por lo general quién te acompaña en esas situaciones? (¿Estás con tu esposo? ¿Tu tía Sally a quien le encanta que le cuentes de tu vida?).
- Fíjate en el impacto que tienes en otros cuando brillas. ¿Lo celebran contigo? ¿Tu energía positiva inspira a los demás?
- Según tú, ¿qué significa sobresalir? (¿Sonreír con sutileza cuando te halagan? ¿Bailar en medio de la pista para celebrar tus logros? ¿Gritar "¡Sí!" en una excursión?).
- ¡Estupendo! Por último, comprométete a brillar en alguna de las situaciones en las que, por lo general, sueles ocultarte. Desafíate a cambiar este hábito de forma gradual, y nota el impacto.

Afirmación: "¡Yo celebro, irradio, inspiro, brillo como el sol dorado, y les doy a otros la oportunidad de hacer lo mismo!"

Es mejor que te mantengas limpio y fulgurante.
Eres la ventana por la que debes ver al mundo.

—GEORGE BERNARD SHAW, dramaturgo irlandés
y fundador de London School of Economics.

MENTIRAS ESTÚPIDAS
SOBRE LA
AUTENTICIDAD

Oscar Wilde lo dijo de una manera muy inteligente: "Sé tú mismo. Todos los demás papeles ya están tomados." Invertimos demasiado tiempo, energía y dinero tratando de lucir, ser y actuar como cualquier otra persona excepto nosotras. En especial cuando nuestra Crítica interior está a cargo de la situación. La Crítica y la Arpía tratan de protegernos a toda costa, de evitar que seamos vulnerables, y de mantener nuestro corazón oculto en algún lugar en donde nadie pueda verlo ni conocerlo. Nos acallan cuando parece que hablar no es sencillo ni apropiado. Sus voces nos murmuran: "Calla", cuando el mundo necesita saber nuestra verdad. La Crítica y la Arpía nos enseñaron, desde muy jóvenes, que era más sencillo pertenecer y pasar desapercibidas, que agitar el mundo y ser genuinas.

Sin embargo, tu Sabiduría interior es mucho más inteligente. Sabe que aceptar lo que eres y permitir que los otros conozcan tu verdad, no tiene precio. En verdad no hay sentimiento mejor que el que te brinda que otros vean la obra de arte que en realidad eres. Cuando la Superestrella está despierta por completo, puedes expresarte de manera total. Es cuando puedes mandar al diablo a las convenciones sociales y los riesgos de la vulnerabilidad, y decidir que ondearás tu bandera de locura para que todos los demás la vean. Ser *tú misma* es delicioso.

Ahora te presento las grandes mentiras que se interponen en el camino se ser *tú*. Prepárate para celebrar la verdad de cuán fabulosa eres.

MENTIRA #47:

Más me vale ser perfecta.

También puede aparecer como:

Me tiene que salir a la perfección.
Tengo que lograrlo.

La verdad: La perfección es inalcanzable. Pero déjame repetirlo: la perfección es inalcanzable. Este concepto es un absoluto que, por definición, significa que no existe nada mejor en el mundo. Cada vez que veo a mis clientas caer en la trampa del perfeccionismo, sé que voy a tener que entrometerme y gritar: "¡Detente!" De otra manera, ellas terminarán sintiéndose miserables y/o cayendo en la postergación permanente. Porque verás, comprometerse con la perfección a menudo conduce a la parálisis; cuando tememos no estar haciendo las cosas "bien", a veces no terminamos los proyectos ni nos permitimos seguir adelante. O peor aún, ni siquiera empezamos a trabajar porque decidimos de antemano que no nos saldrán perfectas.

La mayoría de la gente que cae en la trampa del perfeccionismo valora la excelencia y la calidad pero permite que eso la vuelva loca. En otras palabras, los perfeccionistas se toman demasiado en serio el valor de la excelencia. Siempre quieren tener diez de calificación, pero adivina, ¡nadie te está calificando! El universo no te lleva la cuenta ni te va a entregar una boleta al final del semestre. Alex Mandossian, el exitoso gurú del Internet y de los seminarios televisados, dice: "El éxito imperfecto siempre es mejor que la mediocridad perfecta."

Susan era una perfeccionista. Su obsesión por ser la mejor le impedía incluso echar a andar proyectos. Era una persona que postergaba de manera crónica porque estaba segura de que el producto final jamás sería suficientemente bueno. Perdía incluso antes de empezar. Y las raras veces en que alcanzaba a iniciar algo, jamás terminaba.

Susan vino a verme porque estaba harta de sentirse una fracasada por su ciclo de perfeccionismo. Juntas descubrimos la verdad de su Sabiduría interior: llegar a la meta final era más importante que ser perfecta. Susan descubrió que terminar las cosas le ayudaría a sentirse llena de energía y confianza, por eso diseñamos un plan de acción para que terminara varios de sus proyectos más importantes. A pesar de que al principio fue demasiado difícil para ella dar el siguiente paso en el proceso cuando todavía sentía que el anterior lo había dado con mediocridad, el hecho de ver sus proyectos a punto de completarse le dio valor y fortaleció su compromiso para valorar las metas finales más de lo que valoraba la perfección. Ahora puedo decir con mucha alegría que Susan es una perfeccionista que logró recuperarse, ¡y que conserva la inspiración gracias a los avances y el progreso en su vida!

Desafío: Recupera tu poder de la bestia del perfeccionismo. Lleva a cabo el siguiente proceso.

- ¿Qué es lo que obtienes al ser perfeccionista, incluso si es un rasgo mínimo de tu personalidad? ¿Te hace sentir segura? ¿Te gusta tener siempre la razón o el control? ¿Evitas someter tus proyectos terminados al escrutinio de las demás personas?
- ¿Qué tanto te está costando ser perfeccionista? ¿Te sientes aislada? ¿Pasas poco tiempo con tus seres amados? ¿Postergas tu trabajo? ("Si no es perfecto, entonces ni siquiera voy a empezar.") ¿Has perdido confianza en tu habilidad para terminar proyectos?
- ¿Qué es más importante que ser perfecta? ¿Avanzar y tener progresos? ¿Ser feliz? ¿Salir al mundo? ¿Sobrevivir a ser juzgada? ¿La emoción de que tu alma se ponga en contacto con su propósito legítimo?

- En cuanto definas qué es más importante que ser perfecta, coloca recordatorios en varios lugares de tu casa y oficina para recordarlo. Pueden decir cosas como: "Valoro más el progreso que la perfección", "Valoro más la alegría que la perfección", "Valoro más el amor que me tengo que la perfección", o "Valoro más a mi familia que a la perfección". ¿Qué van a decir tus recordatorios?
- Valoro_____ más que la perfección.
- Siempre que sientas que el monstruo del perfeccionismo te acecha, respira hondo, mira tu recordatorio y sigue avanzando.
- Trata de obtener un ocho en lugar de un diez. Mi querida amiga y colega, Samantha Bennett es una perfeccionista en recuperación, e inventó esta táctica cuando descubrió que avanzaba más cuando se alejaba de la noción del diez perfecto. Lo sé, lo sé, seguramente esto debe ser una tortura para ti, pero inténtalo de todas formas. Puedes comenzar por dejar los platos sucios e irte a la cama, ponerte un atuendo que no combina por completo, o enviar un correo electrónico a una amiga sin revisarlo tres veces. Haz una lista de por lo menos tres formas en que vas a dejar de obtener diez perfecto y te conformarás con un ocho este mes.
- Observa qué sucede cuando eres imperfecta o algo desordenada, cuando te conformas con un ocho. ¿Se acabó el mundo? ¿Tus amigos se pusieron en tu contra? ¿Tus hijos corrieron horrorizados? ¡Ajá! Supuse que no.

Afirmación: Al escribir la frase "Valoro más _____ que la perfección", creaste la Declaración perfecta para ti.

Los estudiantes que sacan ocho son los que dirigen al mundo.

—HARRY S. TRUMAN, trigésimo tercer presidente de los Estados Unidos.

La verdad: Ya es hora de que nos enfoquemos en nuestra aprobación y dejemos de tratar de agradar a otros. La aprobación personal es fundamental para nuestra felicidad, y es el único tipo de aprobación que vale la pena tratar de conseguir. Es hora de que nos pongamos como objetivo convertir la aprobación personal en la más importante de nuestra vida.

Te lo digo por experiencia propia, ya que conozco a esta gran mentira como la palma de mi mano. Yo puedo hacerme chiquita y ocultar mi opinión y necesidades con tal de complacer a otras personas y alimentar la ilusión de que puedo agradarles a los demás y recibir su aprobación. Hasta la fecha me estreso cuando sé que al expresarme podría desagradarle a la gente, o que me podrían odiar o vituperar por mis opiniones. Pero he descubierto que la mayor parte de las veces que experimento esa sensación, ni siquiera existe el riesgo de que eso suceda.

Por si fuera poco, esta mentira siempre incluye una premisa falible: la de creer que podemos controlar lo que los otros sienten respecto a nosotros. Si creemos que la gente nos odiará si hacemos algo, o que nos amará si hacemos lo contrario, implica que tenemos control sobre cuánto les agradamos o desagradamos a los demás. La verdad es que no podemos controlar lo que otros sienten respecto a nosotros, ni respecto a ninguna otra cosa. (Asegúrate de revisar la Mentira #43: "Puedo controlar a otros.") Yo he podido ver cómo esta necesidad de complacer a los demás, impide que la gente le muestre al mundo su arte, sus ideas y su verdad. El miedo al rechazo y la desaprobación llega a ser tan intenso, que puede paralizar a las personas por completo.

Kathy, una clienta, estaba por lanzar su blog de arte. Me llamó presa del pánico para decirme: "Pero, Amy, ¿y qué tal si a la gente no le gusta mis pinturas? ¿Qué pasará si la crítica las destroza?" ¿Cuál fue mi respuesta? "Sí, querida, habrá a quienes no les agrade tu trabajo; de hecho, habrá algunas personas que lo odiarán, es cierto. Pero a otros les encantará. ¡Algunos hasta opinarán que tu arte es genial! A pesar de todo, la forma en que otros se sientan no es asunto tuyo y es algo que está totalmente fuera de tu control. ¿De qué debes preocuparte? De expresarte y de darle vida a tu arte y a tu voz." Kathy rió aliviada y decidió superarlo. Es hora de que enfrentes el dolor de no agradar o de que no aprueben lo que hagas, porque eso tiene que dejar de ser un obstáculo en tu vida. En algunos ámbitos se dice que, en cuanto recibas tu primer correo diciendo que te odian, sabrás que tuviste éxito. Significa que te aventuraste más allá de tu zona de confort y te arriesgaste. Ahora tus redes se han expandido e incluyen tanto a gente que adora tu trabajo, como a gente que lo detesta. Continúa así y hazla en grande... ¡te reto!

Desafío:

- ¿En qué aspectos de tu vida esperas la aprobación de alguien más para seguir adelante? ¿En qué aspectos sientes que estas en riesgo de desagradarle a alguien o de que no aprueben tus acciones? ¿En el trabajo? ¿En lo que se refiere a tu creatividad? ¿En un proyecto escolar?

- ¿Cuánto te está costando ese miedo al rechazo y a no agradar? ¿Impide que le muestres tu arte al mundo? ¿Que le digas a tu pareja la verdad sobre tus opiniones políticas?
- Hablando del amor propio, en una escala del 1 al 10 (en la que 1=desaprobación total, y 10=aprobación total), ¿qué tanto te apruebas a ti misma y a las decisiones que has tomado hasta ahora?
- Si la calificación anterior es menor a 10, ¿qué tal se vería si le aumentaras 2 puntos? Si calificaste tu aprobación personal con un 6, ¿qué tal se vería un 8? Si estás en 7, ¿qué tendría que cambiar para que subieras a 9?
- ¿Qué cambios necesitas hacer para conseguir un 10?

Felicidades, acabas de recuperar tu poder y de volver a enfocar tu atención en la aprobación personal. ¡Bravo!

Afirmación: "Yo me apruebo, ¡y soy quien tiene la última palabra, siempre!"

Lo que opines de mí, no es asunto mío.

—TERRY COLE-WHITTAKER, autora y oradora
motivacional estadounidense.

MENTIRA #49:

Si me convierto en madre o esposa, me perderé a mí misma.

La verdad: Los seres humanos somos como prismas. Las distintas situaciones y papeles que desempeñamos hacen que se creen nuevos colores. Recuerdo que cuando me comprometí, la angustia se apoderó de mí. De pronto sentí que si me convertía en esposa ya no sería yo. Me preocupaba tener que transformarme en una persona totalmente distinta en cuanto asumiera mi papel de *esposa*; que de repente me viera obligada a coincidir con la idea que la sociedad tenía de una esposa, en lugar de continuar siendo la Amy de siempre. Poco a poco aprendí que tendría que ir creando *mi* propia versión de lo que era una esposa para no ser la versión de programa de comedia que está tan arraigada en nuestro subconsciente.

He visto muchas mujeres embarazadas a las que las invade la ansiedad porque pronto se convertirán en madres. Asimismo, las madres pueden caer en la trampa de creer que necesitan cambiar a fondo para tener un buen desempeño. Pero en realidad, lo que le permitirá a toda mujer desarrollarse lo mejor posible como madre, será el estilo particular que tenga para criar a sus hijos.

Desafío:

- Toma algunas hojas de papel y varios marcadores. Haz una lista de todos los papeles que tienes que desempeñar: ¿Hija? ¿Hermana? ¿Vendedora? ¿Reina del yoga? ¿Pintora? ¿Directora ejecutiva?

- Ahora toma otra hoja de papel y divídela en secciones. A cada una asígnale uno de los varios papeles que desempeñas.
- Observa si alguno de los roles lo estás desempeñando mucho más que los otros. Deja que esos roles ocupen la mayor parte del papel. Sé creativa y diviértete.
- Fíjate si hay algunos papeles que te gustaría asumir más, pero que pocas veces desempeñas. Por ejemplo, ¿te gusta ser el alma de la fiesta pero no has socializado en meses? ¿O eres una escritora que tampoco ha escrito desde que se convirtió en madre?
- Elige el papel que estés desempeñando menos, y comprométete a asumirlo por lo menos tres veces en el siguiente mes. Tal vez esa "amante de la naturaleza" que hay en ti no está recibiendo suficiente atención. Si ése es el caso, entonces organiza una excursión, un campamento familiar o una visita a la playa.

¡Llegó la hora de ser *todo* lo que realmente eres!

Afirmación: "Aprecio y acepto con alegría todos los aspectos de mí misma. Expreso todo lo que soy con facilidad."

La vida comienza en donde se acaba tu zona de confort.

—NEALE DONALD WALSCH, autor y mensajero espiritual estadounidense.

MENTIRA #50:

Es más importante ser amable que ser auténtica.

La verdad: Si ser amable y educada te impide ser auténtica, es hora de que observes lo que haces con mayor cuidado. Por dios, no estoy hablando de las convenciones como decir "por favor" y "gracias", ¡esos son hábitos que debemos celebrar! No, en realidad me refiero a que ser *tú* es más importante que manejarte con buenos modales. He sido testigo de cómo la enfermedad de la buena educación llega a apoderarse de vidas enteras. Al parecer nos enseñaron que guardar las apariencias es mucho más valioso que ser real. Llegó la hora de sanear la relación que tenemos con la cortesía, y ser honestas con los demás y con nosotras mismas sobre la verdad de nuestra vida, incluso bajo el riesgo de parecer maleducadas. Porque después de todo, ¿cómo podemos vivir el amor y la aceptación incondicionales si la gente ni siquiera sabe quiénes somos en verdad?

Mae es maestra de escuela y creció en una familia que valoraba los buenos modales sobre todas las cosas. Más adelante esto le afectó bastante porque siempre se debatía entre la buena educación y la autenticidad, y a menudo llegó a sentirse sola y soslayada. Su deseo de no contradecir a nadie, y en particular a sus mayores, siempre la obligaba a mantenerse callada en las reuniones del personal a pesar de que tenía algunas ideas increíbles e innovadoras. A menudo le delegaba a

AMY AHLERS

su esposo la responsabilidad de tomar decisiones sobre su matrimonio, tan sólo porque no quería llevarle la contraria. Sus buenos modales estaban inhibiendo su crecimiento personal y profesional, y lograron construir una barrera invisible entre ella y su esposo. En nuestras sesiones le ayudé a abrirse y a mostrarle su auténtico yo al mundo. Mae comprendió que esa máscara de buena educación le impedía ser ella misma al cien por ciento, y, tras algunos meses de entrenamiento, logró expresarles lo que pensaba y sentía a sus seres queridos de una manera directa y honesta. Al principio le preocupaba ser maleducada, pero decidió lanzarse y *arriesgarse* a ser brusca porque sabía que eso era lo que necesitaba hacer para que la escucharan. Empezó por hacerle saber a su esposo qué película o restaurante prefería, incluso desde antes de que él se lo preguntara. En la escuela en donde trabajaba, incluso llegó a ser reconocida como una persona capaz de cambiar las cosas. Mae descubrió que valía la pena arriesgarse con tal de vivir la experiencia de que otros fueran testigos de su verdadero yo.

Desafío: Descubre cuán auténtica eres. Completa la siguiente autoevaluación. Fue diseñada por mi colega, entrenador de vida y maravilloso ser humano, Rich Rusdorf, CPCC.

Autoevaluación de autenticidad

Usa este cuestionario para analizar el nivel actual de tu autenticidad. Califícate del 1 al 5, en donde 1 es "Me describe", y 5 es "No me describe."

1. _____ **Valor implícito.** Cuando me enfrento a mis miedos de abandono, rechazo, ridículo, castigo o fracaso; siempre levanto la voz.

2. _____ **Presencia.** Vivo lo que hay en el momento presente en lugar de preocuparme por el pasado o el futuro.

3. _____ **Transparencia.** Revelo mis pensamientos, sentimientos, expectativas, juicios, interpretaciones y asunciones, y de esa forma le dejo saber a los demás lo que pienso y siento.

4. _____ **Retroalimentación.** Soy muy abierta en cuanto a mi curiosidad por la forma en que afecto a otros.

5. _____ **Conocimiento personal.** Conozco mis fortalezas, valores, propósitos, límites y esencia interna.

6. _____ **Espontaneidad.** Actúo y reacciono en el momento; sin restricciones, reservas, juicios interiores ni fuerzas externas.

7. _____ **Aceptación de lo desconocido.** Puedo olvidarme de la necesidad que tengo de saber cómo sucederán las cosas.

8. _____ **Intención.** Permito que las cosas sucedan en lugar de tratar de controlar o manipular los resultados.

9. _____ **Reconsideración de ideas.** Me doy oportunidad de cambiar de parecer, de volver a articular una declaración anterior, de explicarla un poco más, o de aclarar un malentendido.

10. _____ **Diferencias.** Estoy abierta a considerar puntos de vista distintos a los míos sin pensar que, al hacerlo estoy renunciando a una parte de mí.

11. _____ **Conexión y reconexión.** Reconozco el valor de todo mundo y me conecto con el verdadero y más profundo ser y esencia de todos los demás.

12. _____ **Responsabilidad.** Me responsabilizo por mis propios juicios e interpretaciones, y me enfoco menos en lo que otros hacen o piensan.

13. _____ **Emociones múltiples.** Expreso los complejos sentimientos de mi ambivalencia y confusión, y no tengo problema con las inconsistencias.

14. _____ **Aclaración de lo que deseo y de lo que no.** Reafirmo mi derecho a desear lo que quiero, aunque sea incomprensible o haya pocas posibilidades de obtenerlo.

MENTIRA # 50: ES MÁS IMPORTANTE SER AMABLE QUE SER AUTÉNTICA

15. _____ **Toma de decisiones.** Reconozco una variedad de perspectivas, y elijo actuar de acuerdo con mis valores, deseos y prioridades.

Resultados del ejercicio

15 a 30: Genuina. Eres generalmente real y sincera.

31 a 45. Pretenciosa. Eres una imagen de bastante calidad de la verdadera tú.

46 a 60. Falsa. Llegó la hora de dejar de ocultarte. Debes mostrarle al
mundo quién eres.

Te desafío a que seas la auténtica expresión de tu verdad, tus opiniones
y sentimientos, sin importar cuán complejos sean. Del ejercicio, elige el
aspecto que calificaste con 3 o más, y trabaja en él los próximos días.
Por ejemplo, si te diste un 5 en "Reconsideración de ideas anteriores",
esta semana trabaja en darte permiso de cambiar de opinión, de volver
a articular una frase que dijiste previamente, añadir más información a
algo que ya enunciaste, o de aclarar un malentendido.

Declaración: "Estoy fascinada de ser yo al cien por ciento."

Amarse a uno mismo es el principio de un romance
para toda la vida.

—OSCAR WILDE, escritor y dramaturgo irlandés.

MENTIRA #51:

Puedo tolerarlo.

También puede aparecer como:

No hay problema.

La verdad: En lo que se refiere a la tolerancia, tengo una filosofía de "acepta o cambia". Ya sea que de manera consciente identificas las cosas/gente/circunstancias que toleras, y las aceptas; o las cambias por medio de la acción: contrata a un entrenador personal y ponte en forma, renuncia oficialmente a tu empleo, o vende esa casa tuya a la que tanto dinero le tienes que invertir todo el tiempo.

No nos engañemos, tolerar a la gente, las cosas o las circunstancias, tiene un costo muy alto. Para empezar, empobrece la opinión que tienes de ti y te impide ser tú misma. Cada vez que pasas por esa puerta que debes reparar, cada vez que vas a trabajar a un lugar que odias, o que finges que no notas la forma en que tu amiga te desprecia, estás permitiendo que algo que te es muy molesto, ocupe un lugar importante en tu mente. Yo siempre les pido a mis clientas que se deshagan de todo lo que no toleran, para que le hagan espacio a lo que aman; y siempre se quedan sorprendidas por la forma en que este proceso les ayuda a renovar su energía e inspiración. Es como tirar toda la basura de tu mente o hacer un reacomodo feng shui. Ha llegado la hora de generar más Chi en tu cabeza para que puedas vincularte con el mundo con alegría. Todo eso que toleras puede acumularse y dejar de ser una incomodidad menor para convertirse en una tremenda advertencia.

AMY AHLERS

Es tiempo de que reconozcas que eres importante y, ya sea que aceptes las cosas que ahora toleras, o que las cambies una por una.

Desafío: ¿Qué estás tolerando hoy en día? ¿En qué momentos te encuentras "soportándolo todo"? ¿Qué es lo que te enferma y te cansa?

Reflexiona por unos minutos. Contempla el panorama de lo que toleras: una relación enfermiza, una casa llena de basura, sobrepeso, un vecino nefasto. Luego fíjate en los detalles: un proyecto incompleto, una pared mal pintada, un baño sucio, ropa que ya no te queda.

Ahora decide si quieres aceptar todas esas situaciones o si vas a cambiarlas. Aceptar significa que tendrás que reconfigurar tu perspectiva. Por ejemplo, si decides tolerar una casa llena de basura, entonces podrías aceptar tu hogar como un paraíso especial. El cambio, por otra parte, implica actuar y transformar las circunstancias. Es decir, si llevas mucho tiempo tolerando un matrimonio que ya no funciona, podrías comprometerte a asistir a terapia de pareja, o tomar la difícil decisión de divorciarte. Decide lo que más te convenga, pero deja de tolerar y comienza a recuperar tu poder.

Afirmación: "Reclamo mi derecho a aceptar y regocijarme, o a cambiar y actuar."

Dicen que el tiempo cambia las cosas, pero en realidad
tú eres quien tiene que hacerlo.

—ANDY WARHOL, pintor y cineasta estadounidense.

MENTIRA #52:

Sentirme así hoy, significa que siempre me sentiré igual.

También puede aparecer como:

Si me doy oportunidad de sentirme mal, así permaneceré.

La verdad: Muy a menudo, mi querida amiga Geneva, se queja así: "Tengo la peor memoria del mundo y nunca recuerdo que alguna vez estuve bien. Por eso, cuando estoy desanimada, ¡siento como si fuera mi estado natural!" La verdad es que nuestro ánimo cambia todo el tiempo, de momento a momento, de día a día. Es muy sencillo creer que siempre estás molesta cuando, en realidad, sólo pasas por un mal momento, día, o incluso, semana.

A veces nos da la impresión de que si enunciamos cómo nos sentimos, nuestra voluntad persistirá. Como si mentirnos acerca de lo que nos pasa, sirviera para seguir creyendo que todo está en orden. Pero, en realidad, la negación sólo invita a las malas sensaciones a seguir presentes. Ya se ha repetido mucho: "Lo que se resiste, persiste." La única forma de llegar al otro lado de tu ira, desesperación, desilusión, dolor, celos o miedo, es atravesándolos. Para deshacerte de esos sentimientos necesitas albergarlos, expresarlos, procesarlos, e incluso, amarlos.

Es por ello que el primero de los tres pasos del "proceso para despertar", consiste en preguntarse: "¿Qué dice mi Crítica/Arpía interior?" Esta pregunta te da permiso de sentirte como ahora lo haces, de decirte la verdad acerca de lo terribles que son las cosas y de lo egoísta que

AMY AHLERS

estás siendo contigo misma. Es decir, te permite sacar lo malo a la luz. Pero eso no es todo; después debes preguntarte: "¿Y qué es lo que mi Sabiduría interior sabe de cierto?" Con esto podrás averiguar lo que ya sabes a un nivel muy profundo. El paso final consiste en hacer física la verdad de tu Sabiduría con la ayuda de algún gesto, movimiento o postura que deberás adoptar al mismo tiempo que la dices en voz alta.

Hay una enseñanza en el ámbito en que me desenvuelvo, que dice así: "Aquello con lo que no puedes estar, es lo que se apodera de ti." Dicho llanamente, si no quieres sentirte enojada, triste o desilusionada, y por tanto, inviertes tiempo y energía para evitar esas emociones, al final, éstas se convertirán en el centro de tu vida. Date cuenta de que en lugar de vivir con plenitud, sólo te regodeas en el enojo. Ahora veamos de qué manera puedes permitir que las emociones fluyan a través de ti para que dejes de evitarlas. De manera simultánea vas a reconocer la transitoriedad de las mismas.

Desafío:

- Identifica cuál es la emoción que más miedo te da sentir. ¿Es el miedo? ¿La ira? (Es muy común que las mujeres tengan temor a sentir ira porque a muchas las educaron bajo la creencia de que las chicas no deben enojarse o volverse locas de enojo). ¿Quizá en tu caso es la tristeza, o incluso, la alegría?
- ¿Qué es lo que te da miedo que suceda si te permites tener esa emoción? ¿En el fondo crees que terminarás teniendo un ataque de cólera del que nunca podrás salir?, ¿que tu tristeza va a terminar tragándote entera?, ¿que si te sientes feliz y plena, en algún momento la suerte te va a cambiar para mal? (Revisa la Mentira #28: "Si me doy permiso de celebrar, sufriré un tropezón.")
- ¿Cuál es la emoción que crees que siempre sientes en el momento? A veces, cuando estamos en medio de un periodo crítico o de estrés, resulta muy sencillo creer que nuestra vida entera es así.

- La próxima vez que sientas que alguna de las emociones que desenterraste está a punto de salir a la superficie, detente y contémplala. Observa cómo se siente tu cuerpo. Date la oportunidad de vivir esta emoción al límite.
- PERMANECE con la sensación. Siéntate al lado de tu enojo. Arrulla a tu tristeza como si fuera un bebé recién nacido. Dales la bienvenida a tus sentimientos de estrés y ansiedad. Vívelo.
- Descubrirás que entre menos resistencia opongas al sentimiento, menos atemorizante será, y desaparecerá con mayor prontitud.

Felicidades, cariño, acabas de practicar el cuidado y el amor incondicional por ti misma.

Afirmación: "Lo que suceda se arreglará por sí sólo y tal vez me brinde una situación completamente distinta. Estoy dispuesta a dejar que me sorprendan."

Este ser humano es una casa. Cada mañana llega un nuevo huésped... ¡Dales la bienvenida y recíbelos con gusto a todos!

—RUMI, poeta persa y místico sufí del siglo XIII.

MENTIRA #53:

Soy una buena chica y debo ser amable.

También puede aparecer como:

¡Yo no podría decir eso jamás!

La verdad: Romper con la imagen de chica buena, puede ser una experiencia aterradora. Y con razón: crecemos siendo recompensadas una y otra vez por hacer lo que nos ordenan, por mantenernos a raya y por hacer el papel de niñas lindas. Pero, ¿qué tal si eso no coincide con cómo nos sentimos en realidad? ¿Qué tal si estamos gritando: "¡No más!" desde el fondo nuestro buen comportamiento? ¿Por qué no intentamos decir: "Sí, claro, esto es importante, gracias"? ¿Qué pasaría si la única forma de ser quien *realmente* eres fuera quitándote la máscara de chica buen y siendo honesta? ¿A TODO VOLUMEN?

Betsy era asistente administrativa y tenía un matrimonio muy infeliz. Durante años aplacó sus sentimientos con tanta frecuencia que ya ni siquiera sabía lo que sentía en realidad. La primera vez que le pregunté: "¿Qué es lo que quieres?", se me quedó mirando como si yo tuviera dos cabezas. No tenía idea de cómo responder mi pregunta acerca de sus opiniones y sentimientos. Había pasado tanto tiempo atendiendo las necesidades de su esposo y de su jefe, que se le había olvidado incluso cómo preguntarse qué era lo que *ella* quería. A Betsy le aquejaba el síndrome de ser amable, de ser la chica buena; y con mucha frecuencia hacía a un lado sus sentimientos y necesidades. Su cuerpo también empezó a sufrir los efectos (es decir, tuvo muchos problemas de salud). Entonces me di cuenta de que si ella no dejaba de ser amable, enfermaría mucho en poco tiempo. Comenzamos con el ejercicio que se presenta a continuación, y con él, Betsy aprendió a defenderse en el trabajo. Ya no volvería a quedarse hasta tarde sólo porque su jefe tenía un ataque de ansiedad. Y en casa, dejaría que su esposo se hiciera cargo de todo, una noche a la semana, mientras ella salía con sus amigas de la iglesia. A medida que Betsy se fue rodeando de gente que la amaba por sí misma, y no sólo porque era complaciente, se sintió mejor, comió mejor, e incluso empezó a tomar prolongadas caminatas a la hora del almuerzo. Su salud mental, espiritual y física, mejoró. Asimismo, a partir de entonces comenzó a disfrutar cada vez que le preguntaba: "¿Qué es lo que quieres?"

Desafío: Vamos a sacarte de esa zona superficial de amabilidad, y a adentrarte en el reino de tu persona. Lo haremos presionando los límites de cómo te perciben los demás.

- Para empezar, quiero que averigües qué es lo que te mantiene atrapada en la imagen de "chica buena". Piensa qué es lo que te atemoriza. ¿Cuál es el peor adjetivo que alguien podría darte? ¿Perra? ¿Diva? ¿Exigente? Elige bien la etiqueta que hace que te hierva la sangre. Podrías decir, por ejemplo: "Me aterra que alguien me perciba como una mujer muy mala; por eso sigo el juego de la chica buena a toda costa."
- Ahora evalúa lo que te ha costado ser la chica buena durante tanto tiempo. ¿Siempre terminas haciendo el trabajo de los demás y no te queda tiempo para ti misma? ¿Continúas en una relación que ya no funciona sólo porque temes que tu pareja te califique como "mala persona"? ¿Siempre terminas fingiendo que algunas situaciones no te molestan y no te corroen sólo porque no quieres que te perciban como una mujer demasiado exigente? Sé auténtica y honesta contigo misma al hacer esta evaluación.

- Haz la prueba y usa la etiqueta que más te asuste durante todo un día. Date cuenta de lo liberador que es ser eso que más temes. Permítete explorar tu versión de lo que significa ser perra por un día: "No puedo recoger a tus niños y cuidarlos tres horas mientras tú vas a que te den un masaje." Sé exigente: "Me gustaría el aderezo a un lado, y pan integral de trigo ligeramente tostado. Muchas gracias." Explora la personalidad de tu diva interior: "No me agrada que supongas que te voy a acompañar. Y de hecho, tengo un compromiso."

- Observa el impacto. Lo que yo sé es que si llevas 50 años siendo amable, tu versión de ser una perra será, para los demás, tan sólo la de una mujer asertiva. Tu versión de diva, a los otros les parecerá que sólo se trata de una persona que dice lo que necesita.

- Haz que este conocimiento sea más profundo. ¿Qué aprendiste y qué estás dispuesta a incorporar a tu vida diaria? Sé específica acerca de lo que sentiste como auténtico, y trata de sintonizarte más con la persona que en realidad eres.

- Por último, escribe una nota de autorización para ti misma y colócala en algún lugar especial. En esa nota enlista las formas específicas en que te darás permiso de dejar de ser la chica buena, para vivir una vida más auténtica.

Afirmación: "Estoy dispuesta a arriesgarme y ser vista como una _____ [llena el espacio con la etiqueta que más temes] para encontrar mi propia voz."

La honestidad y la franqueza te hacen vulnerable.
Sé honesto y franco de todas maneras.

—KENT M. KEITH, autor y orador.

MENTIRAS ESTÚPIDAS SOBRE TU ESPÍRITU

Hay preguntas muy importantes en la vida, preguntas que van más allá de nuestras reflexiones cotidianas, y que nos conducen a cuestionar quiénes somos realmente, por qué estamos aquí, cómo podemos permanecer vinculados a nuestro espíritu, y otras cosas más. El desafío surge cuando permitimos que nuestra Crítica interior se haga cargo de los cuestionamientos espirituales y nos sumerja en el caos, lo que conduce a la desvinculación y estrés mayores. A eso añádele los desastres naturales, las enfermedades inexplicables que sufre la gente buena que amamos (o incluso nosotras mismas). Todo esto puede hacernos sentir deprimidas y desesperanzadas, como si no existiera un poder mayor del cual hablar, y como si estuviéramos solas. Por eso es tan sencillo distraernos con todo, desde los *realities* de televisión, la comida, las drogas y las compras indiscriminadas. ¿Para qué tratar de estar presentes si el presente es tan difícil de manejar?

¿Quieres una verdadera solución? Voltea hacia tu Sabiduría interior y alimenta tu espíritu. Eso te dará un respiro en esta avalancha de desesperación. Tener una práctica espiritual diaria es fundamental para permanecer tranquila cuando estás en medio de la tormenta. Te ofrece una base sólida de amor por ti misma y paz interior, y es la mejor manera de escapar a la locura. Así que vamos a ver, mentira por mentira, qué es lo que nos impide estar en contacto con la calma interna para, así, alcanzar la verdad. Respira hondo, relaja los hombros y prepárate para profundizar tu vínculo con el poder superior, con tu yo supremo, con el universo, Dios, Espíritu; lo divino, la fuente de energía, la naturaleza, como quiera que le llames a esa sensación de estar conectada con algo.

MENTIRA #54:

No necesito una práctica espiritual.

La verdad: Querida, todos necesitan una práctica espiritual, particularmente en el mundo caótico y acelerado de la actualidad. El truco radica en encontrar una que funcione para ti, que alimente tu alma y tu espíritu, y que te llene de alegría.

He entrenado a miles de clientes, practicantes de todo tipo de religiones y, también, carentes de ellas: católicos, cristianos, judíos, hindúes, budistas, wicca, agnósticos, ateos y muchos más. Por experiencia te puedo decir que la gente más feliz, sana, y con la Superestrella más brillante, es la que mantiene una práctica espiritual cotidiana. Estas personas encontraron algo que las conecta consigo mismas y con su espíritu todos los días. Ya sea meditar, rezar, bailar, caminar en la naturaleza o tocar los tambores.A TODO VOLUMEN, esta gente tiene un hábito regular que la mantiene libre de la Crítica interior, y le ayuda a vincularse con su corazón y magnificencia. No se trata de encontrar el tiempo para hacerlo, sino de crearlo, y de reclamar el espacio que necesitas para celebrarte *a ti misma.*

Necesitas considerar que el tiempo que inviertas en tu práctica, es un regalo para ti. No es ninguna obligación ni carga. Llegó la hora de dejar de dar pretextos para no hacerlo, y comenzar ya.

Desafío: Vamos a desarrollar una práctica cotidiana que sentirás totalmente divina y deliciosa.

- Piensa en lo que te motiva. ¿Te encanta la música? ¿La naturaleza es tu iglesia? ¿Es el silencio una rareza muy preciada para ti? ¿El baile te enloquece? Elige un ritual que te llene de gozo y que puedas practicar todos los días.

- Elige la hora del día más sagrada para ti. Te recomiendo la mañana, pero si eres una ocupada madre de familia, sé que esos momentos podrían ser caóticos, y que eso podría hacerte fallar a la cita. Aprovecha la hora del día que más te convenga, y programa tu práctica entre dos hábitos ya establecidos. En otras palabras, amarra tu práctica a actividades que estés segura que vas a realizar. Por ejemplo, podrías intercalarla entre el lavado de dientes y la hora en que bebes una taza de té o café. O entre la hora en que llevas a tus niños a dormir y el momento en que empiezas a ver la televisión.

- Programa una alarma para este experimento. Hacerlo le dará a tu práctica un principio, una etapa intermedia y, lo más importante quizá, un final. Si empiezas de cero, hazlo tan sólo como un compromiso de tres minutos. En los siguientes meses ve aumentando el tiempo hasta quince o veinte minutos. Recuerda que tu práctica puede ser cualquiera desde respirar profundo hasta escuchar tu canción preferida o quedarte descalza sobre la hierba en el jardín, cualquier cosa que te agrade. Será divertido y enriquecedor.

- ¡Tómalo con calma! Este nuevo hábito debe ser divertido. Ve dando pasos de bebé para crearte el hábito.

- Observa cómo te sientes cuando te regalas esta práctica cotidiana. ¿Te parece que estás más centrada? ¿Menos estresada? ¿Más presente?

A veces debe pasar algún tiempo antes de que la práctica diaria tenga un efecto positivo. Cuando comencé mi meditación, algunos días me sentaba, respiraba y, horrorizada, me daba cuenta de que la ansiedad iba en aumento mientras repasaba como loca mi lista de pendientes durante quince minutos. ¡No era lo que tenía en mente! Pero insistí y ahora me siento bendecida por tener esta práctica. Me hace sentir viva y conectada con mi existencia.

¿Quieres más ideas interesantes? Christine Arylo y yo escribimos un maravilloso libro electrónico llamado *Super Power Your Day: Daily Practices for the 21st Century Woman*, el cual recibirás gratuitamente en el paquete de herramientas para las lectoras en www.BigFatLiesThe-Book.com.

Afirmación: "Con alegría medito y visualizo cada día. Es mi hábito y es muuuuy sencillo."

Guardemos silencio para escuchar los susurros de los dioses.

—RALPH WALDO EMERSON, filósofo y poeta estadounidense, líder del movimiento trascendentalista.

MENTIRA #55:

Para crecer, es necesario sufrir.

La verdad: El sufrimiento es parte de la vida, pero eso no significa que tengamos que sabotearnos y propiciar circunstancias dolorosas para madurar o adquirir experiencias espirituales. La alegría es una emoción tan profunda como el dolor —si no es que más. De hecho, es más probable estar feliz y crecer al mismo tiempo si logras profundizar el vínculo con la fuente. Asimismo, el arte se puede crear a partir de situaciones de profundo gozo. ¿Necesitas pruebas? Tan sólo toma un libro de poemas de amor de Pablo Neruda, o de la poesía mística de Rumi, y vive la plenitud que puede emanar de una felicidad profunda.

He tenido la oportunidad de ver lo fácil que es hacerse adicto al sufrimiento, en especial para quienes crecieron en familias que creían que el dolor y el sacrificio era el único camino para llegar a Dios. Como Betty, por ejemplo, quien creció en una estricta familia católica irlandesa para la que la comida era escasa y la iglesia una exigencia. A Betty le enseñaron que el sufrimiento era la clave para entrar al reino del Cielo. Desde muy pequeña le inculcaron que cualquier cosa que se sintiera bien como escuchar música, pasar horas hablando con sus amigas acerca de los chicos, o comprar un vestido especial para el baile de la escuela, era "cosa del diablo". Fue por ello que pasó buena parte de su vida procurando el sufrimiento, la escasez y la inflexibilidad. Sin conciertos, sin plática trivial entre chicas y, ciertamente, sin vestidos nuevos. En realidad no podía entender porqué creía que sufrir y ser virtuosa era digno de gozarse. Juntas descubrimos que cuando se atormentaba, o estaba triste o deprimida, creía estar más cerca de Dios. Y cuando las cosas iban bien, se sentía desconectada de su espíritu, incluso apenada. El sufrimiento se había convertido en la propia "droga" espiritual de Betty. Estaba convencida de que necesitaba el drama y el caos del sufrimiento para darle un significado y madurez más profundos a su vida y, por tanto, para estar más cerca de lo divino. En cuanto comenzaba a irle bien, Betty se encargaba de conseguir algo de dolor para permanecer conectada. Por suerte, al final se preparó para salir de aquella trampa y hacer que la alegría se convirtiera en su vínculo con la espiritualidad. Lo primero que hizo, fue reunir evidencia de que sentía la presencia divina en los momentos más felices de su vida, como enamorarse, dar a luz a sus hijos y cantar con el corazón. Aceptó que la alegría y la felicidad fueran sus maestras en las cuestiones más profundas de la vida. Y poco a poco superó su adicción al dolor. Infundió en ella misma y en sus niños, la creencia de que el gozo es el reino del Cielo. Eligió creer que Dios quiere que seamos felices, y su propia alegría fue un testimonio para el espíritu. En nuestra última sesión, compartió conmigo un video donde aparecía cantando un solo con la banda de alabanza de su iglesia. Se veía hermosa en aquel vestido nuevo.

Desafío: Contesta las preguntas para revelar las mentiras que tal vez te has dicho sobre el dolor y la alegría:

- ¿Qué significa dolor para ti?
- ¿Qué regalo te da el sufrimiento?
- ¿Qué virtudes se revelan cuando sufres?
- ¿Qué significa alegría para ti?
- ¿Cuáles son tus experiencias más profundas de alegría hasta la fecha?

- ¿Cómo podrías seguir relacionando los momentos de alegría y abundancia con tu vínculo espiritual?

Declaración: "Acepto que la alegría sea mi maestra. La felicidad es profunda y significativa. Dios quiere que yo sea feliz."

A la gente le cuesta mucho trabajo dejar atrás el sufrimiento.
Debido al temor que siente ante lo desconocido,
prefiere el dolor de lo que ya conoce.

—THICH NHAT HANH, monje y autor franco-vietnamita.

MENTIRA #56:

No tengo una misión en la vida.

La verdad: Todos tenemos misión y significado. Es hora de que comprendas cuál es el único propósito de tu vida: regocijarte en todo aquello que te apasiona, que te hace vibrar y sentirte plena. Siempre que le leo los libros de Dr. Seuss a mi hija, me quedo sorprendida por la bellísima forma en que ilustra la noción de que todos tenemos una misión: "¡Hoy eres tú! ¡Eso es más cierto que cierto! ¡No hay nadie vivo que sea más tú que tú mismo!" Me encanta saber que muchísimos niños de todo el mundo reciben estos mensajes acerca de su propia plenitud y la comprensión de su misión particular en la vida. Deja que este capítulo te acerque a este poderoso mensaje.

Sé que puede ser muy doloroso sentirse desvinculado y angustiado por tu propósito en la vida. Muchas de mis clientas vienen a entrenamiento porque quieren descubrir por qué están en este planeta. A continuación te ofrezco los mejores ejercicios que conozco para ponerte en el camino hacia el llamado superior.

Desafío: Nuestra búsqueda tiene como objetivo que reveles y te conectes con tu verdadera misión en la vida, con tu llamado superior. Incluso si ya crees tener un propósito bien definido, haz por lo menos dos de los siguientes ejercicios como tarea, y a medida que veas que vas profundizando en tu misión vital, regresa a los otros ejercicios. ¡A veces modificar tu declaración puede ser muy refrescante!

- *Invoca a tu misión:* Ten la firme intención de invocar a tu llamado. Permite que lo divino se entere de que lo estás invitando a darle claridad a tu vida. Di una invocación en voz alta. También puede ser una oración o intención: "Querido universo, estoy lista para recibir claridad en cuanto a mi misión en la vida. La recibiré con gusto, y prometo prestarle atención a tus señales."
- *Visualiza:* Realiza las visualizaciones para involucrarte bien en tu misión:
    1. Imagina que tienes noventa y tantos años, que estás sentada en una mecedora en la terraza de tu casa, y entonces se acerca un niñito para preguntarte: "¿En qué usaste tu vida?", ¿qué le responderías?
    2. Si tuvieras la oportunidad de diseñar un anuncio espectacular en una carretera de alguna ciudad importante, ¿cómo sería?, ¿qué diría?, ¿usarías palabras?, ¿sólo imágenes?, ¿qué colores dominarían?, ¿cuál sería la intención detrás del mensaje?
- *Recibe opiniones:* Pregúntales a tres personas que conozcas muy bien, cuál creen que sea tu propósito o llamado superior en la vida. Recibe sus opiniones con entereza. A veces los otros tienen una perspectiva muy buena desde la que se aprecia mejor nuestro impacto.
- *Solicita guía:* Saca una hoja de papel y en la parte superior de la página, escribe la pregunta: "¿Cuál es mi propósito en la vida?" Luego, deja que tu Sabiduría interior escriba la respuesta. Haz escritura automática, sin censura, sólo déjala fluir. Invita al espíritu a que escriba a través de ti. También puedes escribir la pregunta en un trozo de papel antes de ir a dormir, y dejar que las respuestas lleguen a través de tus sueños. Después de esa noche, y antes de hablar, escribe esos sueños y descifra el mensaje que te revelan.

- *Diseña tu propia frase de misión en la vida:* Fíjate en cómo coinciden tus visualizaciones, las opiniones de los demás, y todo lo que escribiste. Trata de definir una frase que represente tu misión. Podría ser tan sencilla como: "Soy una llamada de advertencia", o: "Estoy aquí para ser la madre de Jack y Sam, y para ser el faro de esperanza de mi comunidad." Date la oportunidad de tener una frase que funcione, pero recuerda que tampoco tiene que ser perfecta.

Afirmación: "Estoy agradecida por vivir mi llamado superior."

Hay vitalidad, una fuerza de vida, una energía, un vigor que se traduce en tus acciones; y como sólo hay uno como tú, esta expresión es única. Si la inhibes, jamás podrá existir a través de otro medio y se terminará perdiendo.

—MARTHA GRAHAM, bailarina y coreógrafa estadounidense, pionera de la danza moderna.

MENTIRA #57:

Ya debería superar esa pérdida.

También puede aparecer como:

Sólo hay una manera de lamentarse.

La verdad: Sufrir un luto y lamentarse son procesos extremadamente personales, y cada quien debe vivirlos a su manera. Cuando comencé a escribir este capítulo acababa de sufrir la inesperada y trágica pérdida de mi querida suegra, Johnnie. (Sí, era una mujer con nombre masculino, pero eso era tan sólo una de las tantas cosas peculiares respecto a ella. ¡Era única!) Justo después de su fallecimiento, mi esposo me dijo: "Siento que estoy atravesando este luto de la manera equivocada." Y entonces pensé cosas como: "¿Cómo puedo creer que tengo derecho a experimentar cualquier tipo de alegría, en este momento que enfrentamos la muerte?", "¿Alguna vez me recuperaré?" De pronto fue muy claro que existen muchas, muchas grandes mentiras sueltas por ahí, respecto a la forma en que se debe atravesar un luto o lamentarse.

El luto es un proceso que se da paso a paso, respiro a respiro. Por experiencia te puedo decir que está bien sentir alegría en medio del luto. De alguna manera, vivir es la forma más poderosa en la que podemos celebrar la vida de una persona que acaba de morir.

Ya pasaron cinco años desde que murió mi suegra y todavía siento oleadas de tristeza; a veces sucede en los momentos menos esperados, como cuando la risa de una desconocida en el supermercado me la recuerda, o cuando mi hija hace algo muy lindo y me doy cuenta de que ella y Johnnie jamás se conocerán. Pero en lugar de pensar que llegará un momento en el que superaré la pérdida, he decidido aceptar mi dolor e integrarlo a mi vida en el entendimiento de que el objetivo no es "superarlo".

Desafío: Descubre tus pensamientos sobre el dolor a través de las siguientes preguntas:

- Piensa en la última vez que sentiste dolor por una pérdida. ¿Cómo la expresaste?
- ¿Cómo lo hicieron las otras personas que también estaban de luto?
- Observa las diferencias y el rango de expresiones. (Tal vez notaste, en ti misma o en otros, un incremento de actividades como beber, dormir, trabajar, comer, practicar deportes escolares, llorar, pasar tiempo a solas, etcétera).
- ¿Llegó un momento en que la gente esperaba que ya te hubieras sobrepuesto a la pérdida?
- ¿Tenías algunas expectativas respecto a lo adecuado de guardar el luto de ciertas formas o en momentos específicos?
- ¿Cuál creías que era la manera "apropiada" de guardar el luto?
- Por último, acepta tus creencias y tus expectativas sobre el luto. La próxima vez que te enfrentes a la pérdida de un ser querido, date la oportunidad de vivir el dolor sin juzgarte.

Afirmación: "Celebro estar viva por mí y en representación de mis seres amados que ya fallecieron."

Aquellos que no se sumerjan en la superficie inmóvil del pozo del dolor, y que no naveguen por sus oscuras aguas hasta el lugar en donde es imposible respirar, jamás conocerán la fuente de la que bebemos, el agua secreta, fría y clara, ni encontrarán las pequeñas monedas redondas que brillan en la oscuridad, arrojadas ahí por quienes desearon algo más.

—DAVID WHYTE, poeta irlandés.

MENTIRA #58:

Tiene que haber algo más que esto.

También puede aparecer como:

Algún día comenzará mi vida.

La verdad: Esto es todo. Ésta es la vida. Hay ocasiones en la que ésta se siente apasionante y llena de estímulos, y hay otras en que sólo parece aburrida, estática o deprimente. Sin embargo, eres tú, y sólo tú, quien decide la perspectiva desde donde la quieres vivir.

Es posible que hayas tenido una crisis existencial al ver el número de años que cumples en las velas del pastel, y darte cuenta de que acaba con un "0" (la crisis de la madurez, ¿no te ha pasado?) O tal vez de pronto te encuentras frente a otro obstáculo en tu carrera y te entregas a la desesperanza porque crees que las cosas no cambiarán nunca. Quizá alcanzaste una meta que te tomó años, y entonces te diste cuenta de que no todo era como esperabas. Es como si tu Crítica interior te observara mientras tú te persigues la cola. Al mismo tiempo te grita con un megáfono la terrible pregunta: "¿Eso es todo lo que hay?", mientras empiezas a notar el sudor cayendo por tu frente.

La verdad es que este momento, justo ahora, es tu vida… con lo bueno, lo malo y lo feo. Si tienes una profunda sensación de insatisfacción, por favor realiza cambios radicales que coincidan con el propósito de tu vida. Te advierto, sin embargo, que la Arpía se estará muriendo por tomar las riendas del asunto en cuanto se presente esta mentira. Asimismo, tu Crítica interior podría decidir que tienes que realizar una modificación total de tu vida, renunciar a todo y mudarte a París, cuando en realidad lo único que te hace falta es, ¡cambiar de perspectiva!

Con el ejercicio que se presenta a continuación vamos a realizar un cambio de perspectiva acerca de las maravillas y la alegría de tu vida en el momento actual. Después de todo, comienzas a vivir desde que naces (desde que vienes de casa), y termina cuando mueres (es decir, cuando vuelves a tu hogar). El tiempo intermedio es para explorar y correr aventuras. Te recomiendo que te diviertas lo más posible en el camino y que tengas en mente que debes aprovechar a cada momento la gloria y la intensidad, y que debes regodearte en el gozo de estar viva. Respira hondo, querida, ¡y bebe la vida! Es ésta, la verdadera. Entonces, ¿por qué no disfrutar del paseo?

Desafío: Aquí tienes un ejercicio ligeramente inspirado en el coreógrafo Bill T. Jones y su trabajo, Aún/Aquí (*Still/Here*). Si quieres saber más sobre la coreografía, lo puedes hacer en el documental del mismo nombre, dirigido por Bill Moyers. Está disponible en shopPBS.org.

Pero ahora, comencemos con la diversión creativa:

- Saca una hoja de papel y, con toda rapidez, dibuja el "mapa del tesoro" de tu vida.
- ¿En qué parte de la página comenzaste? ¿En medio? ¿En un borde? ¿De qué color es esa parte del mapa? ¿Qué forma tiene? ¿Cuál era el camino hasta el siguiente punto? ¿Y al siguiente?
- Siéntete libre de añadir palabras o imágenes. Puedes representar el viaje y las paradas de cualquier forma que te agrade. ¿Hay algunas líneas zigzagueantes para denotar la energía que tienes porque eres joven? ¿En el inicio dibujaste un círculo grueso para indicar la sólida muralla que protege tu unidad familiar? ¿Hay algún lugar del mapa en el que sólo diste vueltas como loca? (En el mío sí, ¡creo que era para ilustrar cuando tuve veintitantos!).

- No hay una manera correcta ni incorrecta de hacerlo. Tiene que ser en estilo impresionista, y nadie lo debe ver más que tú. Así que no te preocupes por hacerlo perfecto, ¡sólo sé espontánea!

Ahora que tienes esta representación visual de tu vida, reflexiona en tu viaje hasta este momento:

- ¿En qué parte estás del camino? ¿Sigues cerca del principio? ¿A la mitad de la mitad?
- ¿A dónde te gustaría que fuera este mapa ahora?
- ¿Cómo dibujarías la siguiente porción de tu vida?
- ¿Y cómo te comprometerías a disfrutar de ella? Es una búsqueda del tesoro, pero recuerda que el tesoro eres tú.

Afirmación: "Mi vida es una deliciosa búsqueda del tesoro, ¡y yo soy el tesoro!"

Se supone que la vida debe ser divertida.

—ESTHER Y JERRY HICKS, autores y maestros
espirituales estadounidenses.

MENTIRA #59:

Lo único que sirve para despertar son las experiencias cercanas a la muerte.

La verdad: Tú puedes hacer tu propia llamada para despertar. Te invito a que lo hagas ahora mismo; en este momento, y permite que este capítulo también sea parte de la experiencia. No creas que la única forma de sentirte viva de verdad será cuando te enfrentes a la muerte o cuando algo te recuerde que el tiempo es limitado. En lugar de eso, quiero que elijas vivir cada día al máximo.

Tengo una querida amiga que tuvo un espantoso accidente automovilístico hace varios años. Claro, fue una experiencia que la acercó a la muerte y, de hecho, mi amiga alcanzó a ver la luz blanca de la que mucha gente habla o ha escuchado. También escuchó a la intimidante voz que le indicó cuál era su misión en la vida. ¡Wow! ¿No te parece una experiencia sorprendente? A mí me hizo preguntarme si sería posible tener ese mismo tipo de vivencia, pero sin el accidente automovilístico, y sin estar al borde de la muerte. Por eso comencé a experimentar conmigo misma (y con mis clientes). Descubrí que todos podemos vivir algo semejante y ponernos en contacto con nuestro ser superior en cualquier momento. Permíteme enseñarte cómo hacerlo.

AMY AHLERS

Desafío:

- Abandona cualquier cosa que estés haciendo ahora y presta atención. Cierra los ojos y enfócate en tu respiración. Respira lentamente cinco veces. Sintonízate bien contigo misma.

- Percibe cómo se siente tu cuerpo. ¿Tienes los hombros tensos? ¿Sientes algo de nausea? ¿Te cosquillean los pies? Haz una revisión general de tu cuerpo para recibir todas las señales con más precisión. Permite que la tensión desaparezca, y siente una luz dorada que brilla sobre ti. Vuelve a respirar profundamente.

- Ahora haz una lista de tus prioridades. ¿Cuál es tu prioridad número uno? Si es la familia y sólo pasas el diez por ciento de tu tiempo con ella, ¡entonces algo anda mal! Si es tu salud, pero con frecuencia dejas de hacer ejercicio y te quedas hasta tarde en la oficina, tienes que cambiar algunas costumbres.

- Haz una revisión en torno a la muerte. Puede sonar mórbido, pero es necesario que pregunte: si supieras que sólo te queda un año de vida, ¿cómo te gustaría aprovecharlo? ¿Irías por fin a Europa? ¿Terminarías con esa enferma relación? ¿Dejarías de ser cruel contigo y empezarías a practicar el amor incondicional por ti misma?

- Deja de postergar. ¿Qué has estado dejando para después? ¿En qué aspectos de tu vida te quedaste dormida?

- Haz un cambio radical. Si notas que tus prioridades y tu tiempo no coinciden de manera adecuada, entonces ha llegado la hora de modificar algo. Si descubres que serías capaz de abandonarlo todo y comenzar de nuevo, en caso de que sólo te quedara un año de vida, entonces ahora es el momento de ser radical. Si has postergado lo más importante para ti, ahora es tiempo de ser agresiva y actuar.

- Comprométete. Comprométete a hacer tres cambios radicales en tu vida. Comparte ese compromiso con por lo menos una persona confiable que pueda actuar como tu cómplice.

Afirmación: "Estoy viva, despierta y consciente de mi existencia en todo momento."

¿Para qué esperar una experiencia cercana a la muerte,
si la vida en sí misma, lo es?

—BONNIE FRIEDMAN, escritora estadounidense.

Epílogo: El despertar de tu Superestrella interior

¡Buenos días! No importa a qué hora estés leyendo esto, te invito al amanecer de un nuevo día, de un nuevo comienzo. El simple acto de reconocer que tus pensamientos negativos son mentiras estúpidas, es ya una revelación. Significa que descubriste la verdad acerca de quién eres: una mujer magnífica, asombrosa y sorprendente, con mucho que ofrecerle al mundo y a sí misma. ¡Eres una Superestrella fulgurante!

Ya comenzaste el viaje hacia el despertar absoluto de tu Superestrella interior. Este proceso continuará por el resto de tu vida. Con cada nuevo día, nuevo deseo, desafío y circunstancia, surge la oportunidad de imbuirte en el pozo que contiene la verdad de tu Sabiduría interior, y de permitir que tu Superestrella brille. Te motivo, día a día, momento a momento, a que siempre vuelvas a analizar cómo te sientes. Siempre que te embargue una emoción dolorosa, puedes tomarlo como señal de que te encuentras frente a una de las grandes mentiras y de que podrías caer bajo el hechizo de la Arpía que vive en ti. Así que toma unos minutos para revisar el proceso de los tres pasos.

PROCESO DE TRES PASOS PARA DESPERTAR

- *Paso uno.* Pregúntate: "¿Qué es lo que me está diciendo la Arpía/Crítica interior?" Articula las grandes mentiras que te estás tragando. Haz que salgan de la oscuridad y que la luz las cubra para que puedan sanar. No te guardes nada… ¡Aprovecha para despotricar! ¡Deja que salga todo!

- *Paso dos.* Cierra los ojos, respira hondo y pregúntate: "¿Qué sabe mi Sabiduría interior?" Adéntrate en el reino de su verdad. Ése es el lugar más sólido y se siente como estar en *casa*. Deja que la verdad te bañe y que desintegre las grandes mentiras. ¡Ah! ¡Se siente mucho mejor! (Recuerda que incluso si tu Sabiduría interior te ofrece una verdad dura y difícil de asimilar, de todas formas te sentirás mejor que si tu Crítica usa esa misma verdad para reprenderte. La Sabiduría proviene de la compasión y el amor, en tanto que a la Arpía, la motivan la vergüenza y la culpa.)

- *Paso tres.* Aprisiona la verdad de tu Sabiduría interior repitiéndola (en voz alta si te es posible) con un gesto físico para asegurarla. Mi Sabiduría interior hace que yo me toque el corazón ligeramente; tengo una clienta que agita su mano, y otra que se toca el vientre. Este gesto se convertirá en la llave de entrada para alcanzar ponerte en contacto con tu verdad y sentirte mejor. Te permitirá señalar un camino neurológico en tu cerebro que, a su vez, será como un atajo a la verdad. Actualmente, a mis clientas y a mí, sólo nos basta realizar el gesto para sentir que las mentiras salen. De inmediato recibo alivio, y también puedo conectarme con la verdad de la Sabiduría interior.

Conforme practiques más este proceso, irás sintiendo que tu Superestrella comienza a irradiar fuerza y poder con más frecuencia, hasta que notes que está presente casi todo el tiempo.

Te exhorto a que vuelvas a leer el libro después de algunos meses para ver si no te ha vuelto a atacar una de las grandes mentiras. Después haz el desafío de entrenamiento y acércate a tu verdad. Me encantaría apoyarlas a todas, por lo que las invito a formar parte de mi comunidad en línea para que tengan acceso a herramientas equivalentes a miles de dólares. Estas herramientas forman parte del paquete para el lector como una manera de agradecimiento a todas ustedes que se han unido a mí en esta travesía. Visiten la página www.BigFatLies-TheBook.com. Nos encantaría que compartieran con nosotros las historias sobre cómo se liberaron; sus desafíos y las anécdotas de su crecimiento.

A pesar de que llevo muchos años entrenando y enseñando cómo liberarse del diálogo negativo y de las críticas interiores, todavía hay momentos en los que las mentiras de la Arpía que vive en mí me abruman, en particular cuando doy un paso al siguiente nivel, me arriesgo y juego en grande. Es muy doloroso, frustrante y vergonzoso, pero el hecho de que estas voces aparezcan, también es parte de ser *humana*. Este libro te ofrece herramientas que usarás el resto de tu vida porque nunca llega el momento en que podemos marcar con una palomita y decir: "Oficialmente acabo de superar el diálogo negativo." Siempre continuaremos usando este material para crecer, y para practicar la empatía y el amor propio.

Continúa encontrando el amor y la compasión, y confía en que las herramientas están aquí para que llegues a dominarlas. Espero que pronto puedas bañarte en el fulgor de tu luz y tu poder. ¡No dejes de brillar!

Con entusiasmo inacabable y mucho amor,
Amy

Agradecimientos

Este libro se originó en 2005 y ha implicado muchos años de inspiración, trabajo y amor para salir a la luz. ¡Muchos amigos, miembros de la familia, seres amados, clientes y colegas contribuyeron con este cumpleaños tan esperado! Le debo muchísimo a tanta gente…

En primer lugar quiero agradecerle a mi querida amiga, colega y hermana del alma, Samantha Bennett, quien ha estado conmigo desde el principio, cuando nos reunimos varias veces para escribir mientras bebíamos café con *panini* en la cafetería Los Feliz. Estoy llena de gratitud por tu asombrosa edición y tus opiniones, confianza, apoyo; por creer en mí y en este libro. Sam, eres genial. Te quiero muchísimo.

Después de terminar el primer borrador en 2006, lo entregué a mis primeras dos lectoras oficiales, la extraordinaria Melanie Abrams, y a Michele Colgan. Más adelante lo envié a más generosos lectores como Rob Ahlers, Maria McCann, Russ y Linda Grant, Eddie Conner, Rachel Ashton, Melissa McFarlane, Dyana Valentine, Kristiina Hiukka, Mary Colgan, Matt Genson, y Nadine Risha, quienes pasaron horas leyendo e inspirándome para dar más y, con su grandiosa retroalimentación me ayudaron con mi libro, la portada y la propuesta. Katie Baker revisó estas opiniones y llevó a cabo una fabulosa edición hace algunos años. ¡Muchísimas gracias a TODOS!

Mi familia me ha apoyado incansablemente en esta aventura, en especial, Rob, mi esposo; Annabella, mi hija; Linda y Russ Grant, mis padres; Laura Palmer, mi hermana mayor, su esposo y sus hijos —Todd,

Max, Ellie y Sam; mi "hermanita", Becky Cusack, y su esposo e hijos —Brian, Brody, Adam y Aubrey; todos mis primos, tías, tíos y familiares lejanos y cercanos. Me siento muy bendecida por tener una familia que me ama y me apoya sin condiciones. ¡Me saqué la lotería con ellos!

También estoy muy agradecida con todos mis sistemas de apoyo, incluyendo al grupo Mindful Mamas, cuyas integrantes siempre me recuerdan que debo vivir el momento y llenarlo de amor: gracias Alison Pennington, Kelley Callahan, Nicole George, Stacey Seifert, Susan McGrath y Teresa Kaplan; también agradezco a las integrantes del círculo Fem-mamind, quienes creen en mí y me han apoyado de muchas maneras: gracias Carol Allen, Christine Arylo, Kristine Carlson, Kami Gray y Karen Russo; a mis Friday Divas, Dyana Valentine y Samantha Bennett: damas, ustedes me inspiran muchísimo; a Tarja Stoeckl y Ariana Pritchett: gracias por ser unas diosas que me apoyaron de todas las maneras posibles.

Tengo un increíble aprecio también por todas las luminarias y maestros que me han inspirado y apoyado con su motivación, consejos, amor y mucho más: en especial a los geniales Claire Zammit, Mike Robbins, Steve Sisgold, Lissa Rankin, Marci Shimoff, Lisa Nichols, Chris Kyle, Chellie Campbell (¡con gratitud especial por haberme presentado a tu agente!), Shiloh Sophia McCloud, Kate Winch y Bob Hessler y su regalo de sabiduría y consejos. Gracias a Esther y Jerry Hicks, y a las enseñanzas de Abraham que conocí en 1999, y que han influido grandemente en mi vida y en mi trabajo, de más maneras de las que imagino. Gracias al Coaches Training Institute (CTI), y a Bigger Game Company por su increíble entrenamiento. Gracias a todos mis mentores, socios y entrenadores, en particular a Melissa McFarlane, quien me inspiró a convertirme en entrenadora en el año 2000, y fue mi socia de negocios por más de siete años; he aprendido mucho de ti. A Linda Sivertsen, la entrenadora que me propuso hacer el libro y que está llena de amor y luz; gracias por tus palabras y asesoría, y por presionarme a seguir cavando.

Gracias a Lisa Hagan, mi agente, y a Jill Daniel, mi ángel de la guardia de las relaciones públicas.

A Christine Arylo, mi socia en el Reformatorio de Arpías y en los Círculos de la Sabiduría interior, gracias por tu extraordinario apoyo y amor, y por ser una gran maestra para mí a tantos niveles. ¡Eres una reina y te amo! Muchísimas gracias a SARK (Susan Ariel Rainbow Kennedy), quien me inspiró a través de sus libros, y que ahora me inspira con su amistad y guía. Gracias por la presentación a New World Library, gracias por los paseos en la playa, gracias por los milagros y los ángeles, por escribir el prólogo. Es delicioso tener el privilegio de llamarte amiga.

Y por último, le agradezco al equipo de New World Library, en especial a Kim Corbin y a Georgia Hughes, mi editora. Gracias por tomar mi mano a lo largo de este increíble proceso. Aprecio mucho su edición, energía y arduo trabajo.

■ Notas

T odos los sitios fueron visitados hasta el 10 de junio de 2011.

Introducción

"Considerando muchas mediciones objetivas, la vida de las mujeres en los Estados Unidos…" Betsey Stevenson y Justin Wolfers, "The Paradox of Declining Female Happiness." Disponible en www.nber.org/papers/w14969.

"A pesar de haber escrito cinco libros,…" Elizabeth Gilbert, "The Key to a Well_Lived Life: Lighten Up!" Disponible en http://www.oprah.com/spirit/Elizabeth-Gilbert-on-Failure-and-Living-Well.

"Estoy muy enojada conmigo…" Oprah winfrey, "How Did I Let This Happen Again?" Disponible en http://www.oprah.com/spirit/Oprahs-Battle-with-Weight-Gain-O-January-2009-Cover/1.

Mentira #19: "No tengo control sobre mi cuerpo ni mi salud"

"El término "estrés" se utiliza en la actualidad…" American Institute of Stress, "Stress, Definition of Stress, Stressor, What Is Stress?, Eustress?" Disponible en http://www.stress.org/topic-definition-stress.htm.

Mentira #41: "Perdonar es sinónimo de aprobar"

"En lugar de venganza y retribución…" Desmond Tutu, "Let South Africa Show the World How to Forgive." Disponible en http://www.sol.com.au/kor/19_03.htm

Mentira #56: "No tengo ninguna misión en la vida"

"¡Hoy eres tú!..." Dr. Seuss, Happy Birthday to You! (Nueva York, Random House, 1959).

Fuentes

Libros

Ask and It is Given: Learning to Manifest Your Desires, por Esther y Jerry Hicks.

Be Yourself, Everyone Else Is Already Taken: Transform Your Life with the Power of Authenticity, por Mike Robbins.

By the Way, You Look Really Great Today, por Samantha Bennett.

Calling in "The One": 7 Weeks to Attract the Love of Your Life, por Katherine Woodward Thomas.

Choosing Me before We: Every Woman's Guide to Life and Love, por Christine Arylo.

Don't Sweat the Small Stuff for Women: Simple and Practical ways to Do What Matters Most and Find Time for You, por Kristine Carlson.

Emotional Freedom: Liberate Yourself from Negative Emotions and Transform Your Life, por Judith Orloff.

The Female Brain, por Louann Brizendine.

The Game of Life and How to Play It, por Florence Scovel Shin.

Glad No Matter What: Transforming Loss and Change into Gift and Opportunity, por SARK.

Happy for No Reason: 7 Steps to Being Happy from the Inside Out, por Marci Shimoff.

Heal Your Mind, Rewire Your Brain, por Patt Lind-Kyle.

The Hidden Messages in Water, por Masaru Emoto.

Kicking the Big But Syndrome, por Eddie Conner.

Loving What Is: Four Questions That Can Change Your Life, por Byron Katie.

The Money Keys: Unlocking Peace, Freedom & Real Financial Power, por Karen Russo.

The Soulmate Secret, por Arielle Ford.

Succulent Wild Woman, por SARK.

Taming Your Gremlin: A Surprisingly Simple Method for Getting Out of Your Own Way, por Rick Carson.

The Wealthy Spirit: Daily Affirmations for Financial Stress Reduction, por Chellie Campbell.

What's Your Body Telling You?: Listening to Your Body's Signals to Stop Anxiety, Erase Self-Doubt and Achieve True Wellness, por Steve Sisgold.

What's Up Down There?: Questions You'd Only Ask Your Gynecologist If She Was Your best Friend, by Lissa Rankin.

A Woman's Worth, por Marianne Williamson.

Sitios de Internet

DyanaValentine.com: Trabajo de entrenamiento de Dyana Valentine.

FemininePower.com: Feminine Power.

InnerMeanGirl.com: Reformatorio de Arpías.

LoveIsIntheStars.com: Trabajo de Carol Allen respecto a las relaciones maravillosas.

Masaru-Emoto.net: Sito de Internet de Masaru Emoto, con fotografías de los cristales de agua.

NadineRisha.com: La fenomenal música y pistas de meditación de Nadine Risha.

TheOrganizedArtistCompany.com: The Organized Artist Company, de Samantha Bennett.

Acerca de la autora

Amy Ahlers, la entrenadora de las llamadas para despertar, tiene la misión de despertar a tu Superestrella interior para que brilles como nunca. Es una celebrada entrenadora certificada, directora ejecutiva de Wake-Up Call coaching (www.WakeUpCallCoaching.com), cofundadora de El reformatorio de Arpías (Inner Mean Girl Reform School, www.InnerMeanGirl.com), e innovadora de teleseminarios como *Women Masters* y *New Man, New Woman, New Life*, en donde ha dado conferencias en compañía de celebridades como Marianne Williamson, Neale Donald Walsch, Barbara Marx Hubbard, SARK, Lisa Nichols, Marci Shimoff, Peggy Mccoll, y muchas, muchas más.

Amy se ha presentado como asesora en *ABC TV*, *Washington Post*, *Huffington Post*, *Oakland Tribune*, y muchos programas de radio. Recibió el premio "Women Who Dare 2011" de *Girls Inc.*, por su trabajo con mujeres en el ámbito de la salud y el bienestar, y dirige talleres que inspiran a las mujeres a dejar de ser demasiado severas consigo mismas, y a despertar a su legítima magnificencia. Amy vive en el área de la Bahía de San Francisco con su amado esposo Rob, su pequeñita, Annabella, y su vigoroso y travieso perro, Dozer.

Mentiras Estúpidas
que las mujeres se dicen así mismas

Esta obra se terminó de imprimir en Octubre de 2012
en los talleres de Impresora Tauro S.A. de C.V.
Plutarco Elías Calles No. 396 Col. Los Reyes Iztacalco
Delg. Iztacalco C.P. 08620. Tel: 55 90 02 55